「即戦力」シリーズ

最初に読む会計学入門

田中 弘 著

税務経理協会

「即戦力シリーズ」刊行にあたって

神奈川大学教授　田中　弘

自分のバランス・シートを持とう

　少し前までは，就職するにも，就職した後も，経済や財務などの「知識の量」が問われました。それが最近では，「使える知識かどうか」，つまり「知識の質」が重視されるようになってきました。

　企業は，新入社員にも中堅社員にも「即戦力」を求めるようになってきたのです。

　これから経済社会で活躍する皆さんには，「自分のバランス・シート」を持って，自分の持っている即戦力とその力の源泉を示すことが求められているのです。

ＭＢＡもライセンスも──ベースは会計学

　「知識の質を高める」には，大学院に行ってＭＢＡ（経営学修士）を取る，日商簿記検定やアナリストの資格を取る……などいろいろな道があります。どの道を選ぼうとも，出発点とベースは「会計（ACCOUNTING）」の知識です。そうしたことから，この「即戦力シリーズ」で，読者の皆さんに，会計とその関連領域の「最新知識」を吸収していただきたいと思います。

いま求められているのは「即戦力」

　知識はすぐに陳腐化します。携帯やパソコンなどは，それまでの知識や技術が2－3年で役に立たなくなります。経営や財務の知識も同じです。常に知識を更新（コンピューター用語で言えば，「書き換え」）し続けなければ世界の動きについていけなくなるのです。

　本書を手にされた皆さん。ぜひ，このシリーズで，経済社会で活躍するのに必要な「最新の即戦力」を身につけていただきたいと思います。

読者の皆さんへのメッセージ

「会計」の本を開くのは初めてでしょうか。

なにか新しいことを始めるときは，未知なるものへの興味から心ときめくとともに，不安も多いものです。

会計って面白いのかな，それとも難しいのかな，数学は苦手なんだけど大丈夫だろうか。ちょっと不安もありますが，知らない世界への期待もあると思います。

この本は，初めて会計を学ぶ皆さんのために書いた入門書です。いわば「会計の世界を開く扉」です。それでは皆さんと一緒に「会計の扉」を開いて，中を覗いてみましょう。

企業経営の羅針盤

会計とか簿記といいますと，「どこか，古くさくて，あまり役に立ちそうにないもの」といった印象を持たれるかもしれません。しかし，本書でくわしく紹介しますように，会計の技術がなかったら困ることがたくさんあります。

大海を航海するときに羅針盤が必要なように，会計は，企業を適切に運営していくためには必須の技術であり，投資者が投資先を選定したり，課税当局が公平な課税をしようとするときにも，必要な技術です。

会計や簿記の技術は，確かに，長い歴史をもっていますが，今日においても，コンピュータや飛行機と同じように，最新の技術の一つであり，現代の経済社会を生きていくには不可欠の技術なのです。

会計の原点は「おつかい」

子どものころ，お母さんから買い物を頼まれたことはありませんか。百円玉とか千円札を小さな手の中に握りしめて，おとなの仲間入りをしたような気になって，店の人にトウフやらダイコンやらを注文したことでしょう。手の中にあるお金は，とっても大切なものに思え，また，おつりをもらってもしっかりと手の中に握りしめて帰ったことと思います。

家に帰ってお母さんに「ダイコンが200円で，トウフが120円だったよ。だからおつりは……」と，買い物の一部始終を報告しましたよね。

「会計」とか「経理」というとどこかしちめんどうくさくて，難しそうな気がするかもしれませんが，「会計の原点」は，上に述べたような，お母さん（誰か）に頼まれて，買い物をする（お金を使う）ことと，その報告なのです。

会社などの企業の場合には，株主や銀行などの資金を預かって経営しています。他人のお金を預かった以上，いくら預かって，それをどのように使ったかをあとで説明できるようにしておくことは大切なことです。

資金の収支を報告するときには，収支の記録をつけた帳簿だけでなく，領収書や明細書があったほうがいっそう相手に信頼されるでしょう。「会計の原点」は，こうした，他人のお金を預かって，それをどのように使ったか，その結果どうなったのかを，自分にお金を預けたひとに報告することにあります。

なんだ，そんな簡単なことか，と思う人もいるでしょう。原理的には簡単な話ですが，今日のような複雑な経済社会では，他人からお金を預かって，その結果を報告し，お金を出したひとたちに納得してもらうというのは，実は，大変めんどうな話でもあるのです。場合によっては，お金を出した人たちが報告の内容に納得せず，裁判になることもあるのです。

どこから読んでもかまいません

　本書は，「初めて学ぶ会計学」ということから，あまり専門的なことは述べていません。また，会計学の全体を網羅的または体系的に述べたものでもありません。記述の方法も，どこから読んでも理解できる「読み切りスタイル・ようかん切り方式」をとっています。みなさんが関心のあるところから，どのCHAPTERから読んでいただいてもかまいません。

　本書の出版にあたっては，税務経理協会の大坪嘉春社長と同・大坪克行常務に大変お世話になりました。とりわけ常務には，企画の段階から積極的に取り組んでいただき，心から感謝申し上げます。また，原稿の整理から校正の作業などで，同社第二編集部の日野西資延さんにお世話になりました。こころから御礼申し上げます。

2013年8月

田中　弘

CONTENTS

「即戦力シリーズ」刊行にあたって

読者の皆さんへのメッセージ

CHAPTER 1　会計を知らないと，どんな失敗をするか

会計って何をするものでしょうか ………………………………………… 2
- 1　会計の役割とは何か …………………………………………………… 4
- 2　会計の専売特許は利益の計算 ………………………………………… 4
- 3　投資意思決定情報の提供 ……………………………………………… 5
- 4　会計も包丁も道具 ……………………………………………………… 6

第1話　黒字でも倒産する不思議 …………………………………………… 7
- 1　「黒字」とか「赤字」って何だろうか ………………………………… 7
- 2　儲けていても倒産する？ ……………………………………………… 8
- 3　資金繰りは会社の生命線 ……………………………………………… 10
- 4　「勘定合って銭足らず」………………………………………………… 10

第2話　繁盛していても倒産する不思議 …………………………………… 12
- 1　薄利多売で千客万来 …………………………………………………… 12
- 2　固定費を忘れたら ……………………………………………………… 13
- 3　損をしてでも注文を取る ……………………………………………… 14
- 4　外注した方が割安の場合でも ………………………………………… 14
- 5　赤字の製品は製造を中止するべきか ………………………………… 15

第3話　赤字でつぶれない不思議 ………………………………………… 17
　■1　大企業の子会社は倒産しない ……………………………………… 17
　■2　自転車操業は倒れない ……………………………………………… 18
第4話　花見酒の損益計算の不思議 ……………………………………… 20
　■1　落語の「花見酒」を知っていますか ……………………………… 20
　■2　内部取引は架空の取引 ……………………………………………… 21
第5話　赤字覚悟で売る不思議 …………………………………………… 23
　■1　1円の携帯電話 ……………………………………………………… 23
　■2　1円携帯電話のからくり …………………………………………… 24
　■3　利益は後からついてくる …………………………………………… 24
第6話　資本金はあっても，借金は返せない不思議 …………………… 25
　■1　会計を知らない社長たち …………………………………………… 25
　■2　資本金も借入金も「お金」に非ず ………………………………… 26
　■3　資本金は見せられない ……………………………………………… 28
第7話　会社の成績は良くも悪くもできる不思議 ……………………… 29
　■1　会計の仕事は「利益の計算」 ……………………………………… 29
　■2　評価の方法はいくつもある ………………………………………… 29
　■3　会社の利益は百面相 ………………………………………………… 30
　■4　不思議な不思議な会社の世界へ …………………………………… 30
　■5　会計の仕組みと記録がなかったら ………………………………… 31

CHAPTER 2　会計を知っていると，何ができるようになるか

　■1　何のために会計を学ぶのか ………………………………………… 34
　■2　会社が儲かっているかどうかを読むことができる ……………… 39
　■3　売上げの質を読むことができる …………………………………… 41
　■4　隣の会社と比べて，どっちが儲かっているかを知ることができる … 42
　■5　会社が，どういう活動で儲かっているのかを読むことができる … 43

■6　会社が健全に成長しているかどうかを判定できる ……………… 43
■7　会社の資本は有効に使われているかを判断できる ……………… 44
■8　会社に借金を返す力があるかどうかがわかる …………………… 45
■9　会社がどのくらい社会に貢献しているかが読める ……………… 46
■10　会社の資金繰りがうまくいっているかどうかがわかる ………… 49

CHAPTER 3　経理課をのぞいてみよう

■1　経理課にはどんなデータが集まるか ……………………………… 53
■2　電気代がわかれば会社の売上げがわかる ………………………… 55
■3　アイスクリーム屋のコーンが減ると ……………………………… 56
■4　決算公告を見たことがありますか ………………………………… 57
■5　そのデータはどうやって作成されたか …………………………… 60
■6　簿記を覚えると何ができるようになるか ………………………… 62

CHAPTER 4　簿記と会計はどのようにつながっているか

■1　貸借対照表と財政状態 ……………………………………………… 64
■2　損益計算書と経営成績 ……………………………………………… 70
■3　貸借対照表と損益計算書の関係 …………………………………… 72
■4　簿記の締めくくり－決算 …………………………………………… 75

CHAPTER 5　決算書はどうやって作るのか

■1　決算書（財務諸表）の役割は何か ………………………………… 78
■2　決算書を作るルールには何があるか ……………………………… 79
■3　会社法会計の目的－なぜ，債権者を保護するのか ……………… 82
■4　会社法の開示（ディスクロージャー）規定 ……………………… 87

3

- 5 金融商品取引法会計の目的－なぜ，投資者を保護するのか …… 90
- 6 金融商品取引法の開示（ディスクロージャー）規定 ………… 92
- 7 財務諸表等規則 …………………………………………………… 93
- 8 税法会計の目的－法人所得への課税のあり方 ………………… 94

CHAPTER 6　会計にはどんな約束があるのか

- 1 真実性の原則 …………………………………………………… 99
- 2 正規の簿記の原則 ……………………………………………… 101
- 3 資本取引・損益取引区別の原則 ……………………………… 102
- 4 明瞭性の原則 …………………………………………………… 104
- 5 継続性の原則 …………………………………………………… 106
- 6 保守主義の原則 ………………………………………………… 108
- 7 単一性の原則 …………………………………………………… 110

CHAPTER 7　損益計算書（P/L）の構造を知る

- 1 損益計算の方法──損益法と財産法 ………………………… 116
- 2 損益計算の基準 ………………………………………………… 119
- 3 費用収益対応の原則 …………………………………………… 122
- 4 損益の種類と区分 ……………………………………………… 122
- 5 売上総利益と営業損益 ………………………………………… 124
- 6 営業外損益 ……………………………………………………… 128
- 7 特別損益 ………………………………………………………… 129
- 8 損益計算書（P/L）の作り方 ………………………………… 130
- 9 当期業績主義 …………………………………………………… 130
- 10 包括主義 ………………………………………………………… 131
- 11 損益計算書の構造 ……………………………………………… 131

CONTENTS

- 12 損益計算書を読むコツ──活動量を示した損益計算書 ……… 135
- 13 成果を計算する損益計算書 ………………………………… 136
- 14 利益は5種類もある ………………………………………… 138

CHAPTER 8 貸借対照表（B/S）の構造を知る

- 1 貸借対照表（B/S）の役割 ………………………………… 140
- 2 資産の分類 …………………………………………………… 141
- 3 販売資産は営業循環基準 …………………………………… 142
- 4 金融資産は1年基準（ワン・イヤー・ルール）………… 144
- 5 資産の評価 …………………………………………………… 145
- 6 負債の分類と評価 …………………………………………… 146
- 7 資本の分類 …………………………………………………… 147
- 8 株式会社の資本の分類 ……………………………………… 147
- 9 貸借対照表を読むコツ──ストック表としての貸借対照表 …… 148
- 10 残高表としての貸借対照表 ………………………………… 149

CHAPTER 9 会社は成長しているか

- 1 グラフ用紙（方眼紙）を使う ……………………………… 153
- 2 片対数グラフを使う ………………………………………… 159

CHAPTER 10 会社の成長に無理はないか

- 1 成長性比較グラフ …………………………………………… 166
- 2 増減（増分）分析 …………………………………………… 173

CHAPTER 11　会社は収益性の高い事業をしているか

- 1 「もうかりまっか」 …………………………………………… 180
- 2 「もうかりまっか」を数字で表せば ……………………… 180
- 3 総資本利益率は経営者にとっての利益率 ……………… 182
- 4 自己資本利益率は株主にとっての利益率 ……………… 183
- 5 もうけはどうやって計算するのか ……………………… 184
- 6 ＲＯＥとＲＯＡを分解してみよう ……………………… 186
- 7 売上げの質を見る …………………………………………… 187

CHAPTER 12　会社は財務的に安定しているか

- 1 図体の大きい会社はいい会社か ………………………… 192
- 2 図体はどうやって計るか ………………………………… 193
- 3 自己資金と借金のバランス ……………………………… 194
- 4 自己資本比率という尺度は何を計るものか …………… 194
- 5 短期の借金返済能力と長期の借金返済能力 …………… 197
- 6 流動比率が語る「借金の返済能力」……………………… 198
- 7 当座比率は返済能力のリトマス試験紙 ………………… 200
- 8 支払能力の総合的判定 ……………………………………… 201

CHAPTER 13　コストダウンの技法を学ぶ

- 1 売上げの増進かコストの削減か ………………………… 205
- 2 コストダウンには乗数効果がある ……………………… 209
- 3 実例に学ぶコストダウン ………………………………… 211

CHAPTER 14　在庫を管理する技法－「在庫を寝かせるな」と「在庫切れを起こすな」－

- 1　なぜ在庫管理が重要か ………………………………… 222
- 2　どのような在庫をどのように管理するか …………… 223
- 3　ＡＢＣ分析による重要品目の選定 …………………… 224
- 4　パレート図からＡＢＣ分析へ ………………………… 229
- 5　最適な発注量と発注点を知ろう ……………………… 231
- 6　ツービン・システム（ダブルビン法）……………… 232
- 7　在庫にかかる費用 ……………………………………… 234
- 8　最適発注量を求める …………………………………… 237
- 9　経済的発注点を求める ………………………………… 243
- 10　トリプルビン・システム ……………………………… 245

CHAPTER 15　資金の管理とキャッシュ・フローの管理

- 1　資金管理の目的－経営計画と資金調達 ……………… 248
- 2　資金繰りと資金表（資金繰表）……………………… 253
- 3　キャッシュ・フロー計算書の種類 …………………… 262
- 4　キャッシュ・フロー計算書の構造 …………………… 266
- 5　キャッシュ・フロー計算書を読むポイント ………… 269

CHAPTER 1

会計を知らないと,どんな失敗をするか

会計って何をするものでしょうか
第1話　黒字でも倒産する不思議
第2話　繁盛していても倒産する不思議
第3話　赤字でもつぶれない不思議
第4話　花見酒の損益計算の不思議
第5話　赤字覚悟で売る不思議
第6話　資本金はあっても,借金は返せない不思議
第7話　会社の成績は良くも悪くもできる不思議

最初に，会計の七不思議を織り交ぜながら，現代の経済社会において，なぜ会計の知識を必要とするのか，正しい会計知識がないとどんな失敗をするかを，皆さんと一緒に考えてみたいと思います。

　皆さんは，「会計」という言葉を聞いて，何を連想されますか。あるいは，「会計」って，何をするものだと思いますか。

会計って何をするものでしょうか

　会計を学んだことがない人たちにこうした質問をしますと，いろいろな答えが返ってきます。

　ある人は，「会計は，税金を計算するもの」だといいます。そういえば，税理士の皆さんが開いている事務所のことを「会計事務所」といいますね。確かに，会計は税金と結びつきが深いようです。

　ある人は，「会計は，財産を計算するもの」だといいます。会計を使って作成するバランス・シート（貸借対照表）という計算書には，現金や有価証券，土地といった財産が一覧表示されています。

　ある人は，「会計は，投資先を決めるために使われる」といいます。「お金を借りるときに使う」という人もいます。食事や買い物をしたときに，お店でお金を払うのも「会計」と呼ばれています。

CHAPTER 1　会計を知らないと，どんな失敗をするか

　会計を少しでも学んだことがある人たちは，「**会計は，利益を計算するもの**」だというでしょう。

　実は，会計の技術が多能なために，いろいろな使い方をされているのです。**税金を計算**するときにも，**財産の計算**をするときにも，**投資先を決める**ときにも，**事業の儲け（利益）を計算**するときにも，会計が使われているのです。

　そうはいっても，会計は，どの役割もすべて満足のいくように仕事ができるわけではありません。使い方によっては，満足のいく仕事ができないこともあります。

　包丁のことを考えてみてください。包丁は何かを切る道具です。普通は，野菜とか魚・肉などの食材を切るのに使います。パンを切るには「パン切り包丁」が，大きな魚をさばくには「出刃包丁」が，刺身を作るには「刺身包丁」があります。

　「出刃包丁」でパンを切ろうとしてもうまくは切れません。しかし，うまくは切れませんが，出刃包丁でもパンは切れますし刺身も作れるでしょう。出刃包丁の役割は大きな魚や肉などをさばくことですが，切ろうと思えばパンにも刺身にも使えるのです。

　会計も事情は同じです。**会計には会計本来の役割がある**のですが，それ以外の目的で使うこともできるのです。上で，会計は多能だと書きました。本来の使い道以外にも，いろいろな使い方がされています。しかし，どの仕事もうまくこなせるわけではありません。では，**会計の本来の役割**とはいったい何でしょうか。

3

1　会計の役割とは何か

「簿記」とか「会計」といいますと,「どこか古くさい」「あまり役に立たない」といった印象を持たれるかもしれませんが,**会計は企業を適切に運営していくためには必須の知識・技術であり**,**投資家が投資先を選定したり**,**課税当局が公平な課税をしようとするときにも,必要な知識・技術です。**

会計は長い歴史を持っていますが,現代でも,コンピュータや飛行機と同じように,最新の技術の1つであり,現代の経済社会を生きていくには不可欠の技術なのです。しかも,いかにIT（情報技術）が進んでも,**会計に代わる技術は発明されていないのです。**

2　会計の専売特許は利益の計算

現代の経済社会において,会計にしかできないことがあります。それは,「**企業のトータルな利益を期間的に区切って計算すること**」です。これを「**期間損益計算**」といいます。中世に発明された複式簿記が世界中で使われるようになったのは,複雑化・巨大化した企業の利益をシステマティックに計算する技術がほかにないからでした。

企業の利益を断片的に計算する方法はいろいろあります。たとえば,固定資産を売買して得た利益とか,資金を貸して受け取る利息とかの計算はそれほど面倒な計算ではないでしょう。複式簿記などという面倒なシステムや帳簿システムを使わなくても計算できます。

しかし,現代の企業は,日本中・世界中に,機械や工場を持ち,大量の原材

料を使って複雑な製品を連続的に生産・流通・販売しています。こうした企業では，利益を断片的に計算して合計しても，企業全体の利益を計算したことになりません。

特に，**製造業**では，何年も何十年も**永続的に事業が営まれる**ため，利益を断片的に計算することさえ不可能です。そこで，企業全体の利益を，年度ごとに計算する統合的なシステムが必要になるのです。そのシステムとして発明されたのが，**複式簿記**であり，それをベースとした**会計**です。現代経済社会において，会計は企業の利益を計算するという仕事を担っているのです。この仕事は，現在のところ，会計以外にうまくできる仕組みはありません。**利益の計算は会計の専売特許**といえるでしょう。

 3　投資意思決定情報の提供

ところが，最近は，会計の仕事として，利益の計算に加えて，あるいは，利益の計算以上に，**財産を計算する機能**や**投資意思決定情報提供の機能**を重視する傾向が強くなってきました。投資家が適切に意思決定できるように，消費者が正しい選択ができるように，企業に対して，十分な情報を，タイムリーに提供させることが求められるようになってきたのです。必要な情報が，適時に，十分に提供されるならば，投資家も消費者も，十分な情報を基に投資や購買の意思決定ができるようになると期待されているのです。

「会計先進国」と信じられていたアメリカで，**エンロン，ワールドコム，グローバル・クロッシング**など，巨大企業の会計不正が相次いでいます。それも，会計監査を担当した公認会計士が知恵を授けたり，目をつぶったり，会計基準の裏をくぐったり，明るみに出た部分だけでもかなりの大事件です。その後，日本でも，**カネボウやオリンパス**の粉飾事件が相次いで発覚しています。

5

この，一連の会計不祥事を評して，しばしば「会計制度が悪い」とか「会計基準に不備がある」といったことがいわれています。会計制度を整備し，会計基準を厳格にすればこうしたスキャンダルは起きないのでしょうか。

4　会計も包丁も道具

　会計は一種の道具です。先の話でいえば，**「会計は利益や財産を計算する道具」**です。「包丁」は，魚や肉を切る道具です。道具という点では，会計も包丁も変わりません。ところが，**道具そのものには倫理観とか正義感などはない**ので，たとえ包丁を使って殺人を犯そうとも，誰も包丁が悪いとはいいません。ところが，会計を使って不正をすれば，「会計が悪い」といわれます。どこかおかしくはないでしょうか。

　会計も包丁も道具なのです。その道具を使うのは，人間です。人間が包丁を悪用すれば，包丁ではなく，悪用した人間が責められます。ところが，同じ道具の会計を使う人が粉飾やら利益操作やらをやっても，やった人間ではなく，会計という道具が悪いといわれるのです。

　規制の網をくぐるだけのインセンティブとメリットがある限り，道具としての会計を悪用し，利益操作は続けられ，粉飾決算は後を絶たないでしょう。それは，会計制度や会計基準の問題ではないのです。**経営者の倫理観の問題**なのです。**経営者の暴走を食い止めるのも，**いえ，**経営者がコンプライアンスに十分な注意を払い，適切な経営をするようにリードする**のも企業が存続するためには，最も重要なことなのです。

　それでは，正しい会計知識がないとどんな失敗をするかという話をいくつか紹介します。会計の知識があれば，こんな失敗は防げたはずです。

CHAPTER 1　会計を知らないと，どんな失敗をするか

第1話

黒字でも倒産する不思議

1 「黒字」とか「赤字」って何だろうか

　会社の営業成績を表すときに，「黒字」とか「赤字」という言葉が使われます。「黒字」というのは，その年に利益が出た，儲けがあったということです。「赤字」というのは，その年は損失が出た，儲けがなかったということです。

✂ KEYWORD

収入（または収益）＞支出（または費用）なら　→　黒字
収入（または収益）＜支出（または費用）なら　→　赤字

　その昔，収入と支出（あるいは収益と費用）を比べて，残りがあれば帳簿に黒で記入し，マイナスなら赤で不足額を記入したことから，このように呼ばれるようになりました。今は，帳簿もコンピュータで作成され，プリントアウトされますから，黒字と赤字の色分けはしませんが，赤字の場合には数値の前に▲の記号がつけられます。次頁の損益計算書を見て下さい。

7

<table>
<tr><th colspan="4">損 益 計 算 書</th></tr>
<tr><td colspan="4">神奈川商店　　平成○年9月1日から
　　　　　　　平成○年9月30日まで　　　　　　（単位：円）</td></tr>
<tr><th>費　　用</th><th>金　額</th><th>収　　益</th><th>金　額</th></tr>
<tr><td>給　　　　料</td><td>270,000</td><td>商 品 売 買 益</td><td>400,000</td></tr>
<tr><td>通　信　費</td><td>9,000</td><td>受 取 手 数 料</td><td>11,000</td></tr>
<tr><td>水 道 光 熱 費</td><td>16,000</td><td>受 取 利 息</td><td>2,000</td></tr>
<tr><td>支 払 家 賃</td><td>150,000</td><td>当 期 純 損 失</td><td>▲ 33,500</td></tr>
<tr><td>雑　　　　費</td><td>1,500</td><td></td><td></td></tr>
<tr><td></td><td>446,500</td><td></td><td>446,500</td></tr>
</table>

 2　儲けていても倒産する？

　黒字は利益があったということですから，黒字が続けば会社は繁盛すると考えるのがあたり前です。ところが，**黒字でも会社が倒産する**ことがあるのです。

　Aさんが家庭電器を販売する店の経営者だとしましょう。メーカーからテレビやビデオカメラなどを仕入れてきて，通信販売で売るとします。これなら，店舗も必要ありませんから，安く売ることができます。最近では，こうした店舗を持たずにインターネットを使って通信販売だけで営業する店が非常に多くなっています。Aさんは，商品の仕入れ値に20％の利益を加えて販売することにしました。1万円で仕入れた商品を1万2千円で販売するのです。

　Aさんは，新聞の折り込み広告やダイレクト・メール，インターネットのホームページなどを使って宣伝しました。幸いにして商品の人気が高く，よく売れています。**できるだけ安く仕入れて高く売るのが商売の鉄則**ですから，商品を安く仕入れるために，商品の仕入代金は現金で支払うか30日後に支払う**約**

8

CHAPTER 1 会計を知らないと，どんな失敗をするか

束手形（つぎにひな型を示しておきます）で払ってきました。

　商品は，顧客（お客さん）から注文が来るたびに発送し，代金は，商品を受け取った後，5回とか10回に分けて，毎月5日に銀行に振り込んでもらう約束です。振込みが遅れた人がいますと，店員が直接お客さんの家に行き，代金を払ってもらいました。

　こうした分割払いの販売方法を，**割賦販売**といいます。割賦販売は，買う側からしますと，商品代金の全額を一度に払わなくてすみます。頭金といって，代金の一部を支払えば，すぐに商品を自分のものにできます。ですから，割賦販売は，あまりお金がない学生さんや働き始めたばかりの若い人たちを中心に使われてきました。

　Aさんが経営する家電販売店も，次第に全国から注文が来るようになりました。全国で販売するようになりますと，お客さんの誰かが今月の支払いが遅れたからといっても，そう簡単には全国各地に散らばるお客さんのところへまで集金には行けません。商圏が全国的に広がるにつれて，次第に支払いが遅れる人も全国的に広がり，代金の回収に手間がかかるようになりました。

商品は現金払いで仕入れています。今月は，メーカーへの支払いは7,000万円を超えました。しかし，商品の代金は分割払いですし，一部のお客さんの支払いが遅れていますから，今月は4,500万円しか入金がありませんでした。

今月の収入	4,500万円
今月の支出	7,000万円
現金の不足	2,500万円

　今月は収入が4,500万円で，支出が7,000万円。こんな状況が何か月も続いてしまいますと，Aさんが経営する家電販売店はいずれ**資金が不足**して，商品を仕入れたくてもお金がないことになります。商品を仕入れるときに手形を発行しても，その手形の代金を支払う期日（**満期日**といいます）が来たとき，支払うだけの現金が手元にないことになります。手形の代金を支払うことができなくなることを「**不渡り**」といい，そのときの手形を「**不渡手形**」といいます。

 3　資金繰りは会社の生命線

　約束した期日に手形の代金を**支払えない**ということは，借金を払えないということであり，産業界では会社が**倒産**したものと考えます。会社はこれ以上やりくりできなくなり，そこで会社の生命は終了します。

 4　「勘定合って銭足らず」

　Aさんの店は，仕入原価に20％の利益を上乗せして販売していますから，計算の上では儲かっていたのです。しかし，会社は，どれだけ儲かっていても，

資金繰りで失敗すれば，破綻します。払う約束の金額をちゃんと期日に支払うことができなければ，どれだけ繁盛していても，どれだけ儲けていても，会社は営業を続けることができないのです。儲けている会社が倒産するなんて，不思議ですね。

	🔑 KEYWORD
手　　形	決められた日に，決められた場所（多くは，取引銀行）で，約束した金額のお金を受払いするために作られる書類で，**約束手形**と**為替(かわせ)手形**の2種類があります。手形を発行することを「**振り出す**」といいます。
資金繰り	お金のやりくり。入ってくるお金と出て行くお金を，金額的にもタイミング的にも，バランスが取れるようにコントロールすることをいいます。
倒　　産	企業が**不渡(ふわたり)手形**や**不渡小切手**などを出して，銀行の取引が停止され，事業を継続できなくなることをいいます。
「勘定合って銭足らず」	帳簿上の計算では合っているのに，実際には現金が足りないこと。また，儲かるはずなのに，実際には損が出ることのたとえです。

第2話
繁盛していても倒産する不思議

 1　薄利多売で千客万来

　もう1つ，儲かっているはずが，いつの間にか倒産してしまうという話をします。

　Bさんは，駅前通りに小さな「スポーツ用品店」を開きました。店舗はビルの1階を借りました。その賃借料が月に20万円かかります。ショーウインドーや商品のスポーツ用品の代金100万円は，自己資金で用意しました。

　幸いにして，近くに小学校と中学があり，夕方や土日にはスニーカー，サッカー・ウエア，野球やテニスの用品などを買いに来るお客さんで繁盛していました。

　Bさんは，これだけ客が来るなら「薄利多売」でいけると考えて，**値入れ率**を20％とすることにしました。仕入れた値段に20％の利益を加えて販売するのです。子どもたちは，現金で買っていきますから，上の話のように資金繰りで困るということはありません。

CHAPTER 1　会計を知らないと，どんな失敗をするか

仕入れの値段に20％の利益を上乗せして販売するのです。スポーツ用品を売るたびに，いくらの儲けが出たかがわかります。仕入れ値が5,000円なら，これに20％の1,000円を上乗せして6,000円で売るのです。売価が3,000円のウエアなら，500円の儲けです（仕入値が2,500円で，20％の利益500円を加算）。

Bさんは，開店してから毎日，その日の売上げと利益を計算してきました。商品の仕入代金にも困ることなく店は順調のようで，新聞の折り込み広告の回数を増やしたり，新しい看板を立てたりもしました。そんなAさんの店が，1か月ももたずに倒産したのです。なぜでしょうか。

　2　固定費を忘れたら

もう皆さんお気づきのように，Bさんは，店の賃借料（家賃）を支払うことを忘れていたのです。月末に不動産会社から請求されるまですっかり店舗の賃借料のことを忘れていたのです。

店舗の賃借料，従業員の給料，事務用品代，電気代などは，**店が繁盛していてもいなくても，一定の額がかかります。**こうした**売上げと連動しない費用**を**固定費**といいますが，Bさんはこの固定費の存在を忘れていたのです。

そんなばかなことを経営者がするはずはないと思いますか。常識的にはそうなのですが，実際の経営をみていますと，どう考えても固定費のことを忘れていそうな会社が多いのです。つぎの話を読んでみてください。

13

3　損をしてでも注文を取る

　電気工事を請け負っている会社があったとしましょう。数十名の電気工事の作業員と5〜6名の事務員がいます。いつもは大手の家庭電器会社から新築ビルの電気工事や配線，エアコンの取付工事などの仕事が回ってくるのですが，不景気であまり仕事も回ってきません。しかたなく，他の会社の電気工事を回してもらおうとしたのですが，儲けがほとんどない仕事かコストをまかなえない（**原価割れ**）仕事ばかりなので，結局，引き受けませんでした。

　これは正しい選択でしょうか。この電気工事会社には数十名の従業員がいるのです。彼らには，たとえ，する仕事がなくても給料を支払わなければなりません。給料などの**固定費**を支払うためには，いくら儲けが薄くても，ときには損を出してでも，この仕事を引き受けるべきなのです。こうした場合に判断を誤る経営者は少なくありません。

4　外注した方が割安の場合でも

　パソコンの部品を作っている会社があったとします。小さな部品なので，最後には必ず1つずつ箱詰めしなければなりません。工員の時間あたり賃金は2,000円するとしましょう。単なる箱詰めなら，外注に出すかアルバイトを雇ってやらせるほうが安上がりでしょう。

　しかし，コストの比較だけで工員を使うか外注・アルバイトにするかを決めるのはちょっと待ってください。工場で働いている工員達は一日中フルに働いていますか。作業と作業の間に手が空いていたり，注文が途切れて工員がする仕事がないということはありませんか。

CHAPTER 1　会計を知らないと，どんな失敗をするか

　給料は「**固定費**」です。仕事をしていても工場内でブラブラしていても給料は支払わなければなりません。部品の箱詰めも，工員の手が空いているときに工員がやるようにして，どうしても間に合わないときに限って，外注に出すなりアルバイトやパートを雇うべきです。

　アルバイトやパートでもできる程度の作業でしたら，忙しいときには，手すきの事務系社員に手伝ってもらうという手もあります。事務系の社員に払う給料も**固定費**です。手伝ってもらっても，費用は増えません。

5　赤字の製品は製造を中止するべきか

　服のボタンを作っている会社があったとします。婦人服のボタンはそこそこ儲けがあるのですが，紳士服につけるボタンは赤字が続いているとします。社長は，紳士服用のボタンは儲からないから，儲かる婦人服のボタンだけを作ることにしようと考えています。皆さんが，経営コンサルタントだったら，この社長の考えに賛成しますか。

　この会社は，赤字の製品を作らなくなると，きっと，赤字はもっと大きくなって，婦人服用のボタンがかせぐ利益も吹き飛んでしまうでしょう。なぜでしょうか。

　それは，婦人服ボタンが利益を出していたのは，その固定費の一部を紳士服ボタンが負担していたからです。紳士服ボタンの製造を止めますと，婦人服ボタンが固定費の全部をカバーしなければなりません。それでは，今まで利益を出していた製品でも，固定費をカバーできず，損失を出さざるを得ません。

15

赤字の製品だからといって生産を中止すると，予想に反して利益が減ったり損失が生まれてしまうケースもあるのです。会社の経営と会計は，切っても切れない密接な関係があるのですが，どちらも常識だけで判断すると予想外の結果，多くの場合は，損失を増やすことになりかねないのです。

🔑 KEYWORD

薄利多売（はくりたばい）	薄い（少ない）利益で，多くを売ろうとする商売の仕方です。1個あたりの儲けが少なくても，たくさんの商品を売れば，合計の利益は大きくなります。
値入れ（ねいれ）	商品の仕入原価に，利益や諸費用を上乗せして売価を決定することをいい，**マークアップ**ともいいます。100円で仕入れた商品に30円の利益を上乗せして売るとき，マークアップは30円です。この30円が**粗利益**（あらりえき）となります。原価に上乗せする比率を**値入率**または**マークアップ率**といいます。上のケースは30%です。
固定費	事業を営む上でかかる諸費用のうち，売上高（工場なら**稼働率**）の増減と連動せずにほぼ一定額が生じる費用です。一般的には人件費，電気代，支払利息，水道代，通信費，交通費などをいいます。
変動費	企業の活動量（売上げや操業度）が変化するときに，それとほぼ正比例して変化する費用をいいます。たとえば，商品の仕入れ代金や製造原価です。
原価割れ	仕入れ値（原価）よりも安く売ることをいいます。原価を回収しきれないことになります。

第3話

赤字でもつぶれない不思議

　第1話で書きましたが,「**黒字**」というのは,その年に利益が出たということで,「**赤字**」というのは損失が出たということです。毎年のように損失を出していれば,そのうちに会社は倒産するはずです。

　ところが,妙なことに,**赤字を出し続けていても,倒産しない会社**もあるのです。

1　大企業の子会社は倒産しない

　大企業は,たくさんの子会社を持っています。子会社の中には,非常に大きな利益を上げている親孝行な会社もあります。逆に,毎年損失を出し,親会社から損失を埋め合わせてもらっている子会社もあります（乳児にミルクを与えるのに似ていることから,「**ミルク補給**」というそうです）。

　たとえば,新製品を開発するために作った子会社とか,従業員の福利厚生施設として作った子会社などは,最初から利益を無視して,むしろ赤字になることを承知の上で設立されます。

こうした子会社の場合は，必要な資金を親会社が出しますから，倒産に至るということはありません。子会社でなくても，銀行がお金を貸してくれるとか，親戚や友人が追加の資金を貸してくれる場合も，会社は倒産せずにやっていけます。

2　自転車操業は倒れない

　企業が倒産するのは，儲からないとか利益が出ないということではなく，**資金が続かなくなったとき**だということが，おわかりいただけたでしょうか。

　損を出しながらも，何とかやっていく経営を「**自転車操業**」といいます。自転車は，少しでも前に進んでいけば転倒しません。会社も，資金の手当てさえつけば，損を出そうが，何とか経営を続けられるのです。

　中小企業の社長さんたちと話をしていますと，「儲からない」とか「利益が出ない」といった話を聞くことはありません。そういうことよりも，「**手形が落ちない**」とか「誰か金を貸してくれないかな」といった話ばかりです。「手形が落ちない」というのは，自分が振り出した**約束手形**の支払期限が来るけど，支払う資金がないので，手形の決済（支払い）ができないということです。手形の決済ができないと，上に書きましたように，会社は破綻します。それ以上の営業ができなくなるのです。

CHAPTER 1 会計を知らないと，どんな失敗をするか

🔑 KEYWORD

約束手形	手形の作成者（振出人）が手形代金の受取人（名宛人）に対して，支払期日に手形代金を支払うことを約束した証券をいいます。**約手**と略します。簿記処理では，約束手形を振り出したときは「**支払手形**」（負債）で処理し，手形を受け取ったときは「**受取手形**」（資産）で処理します。
手形が落ちる・落ちない	所有する手形の代金を受け取ったとき，「**手形が落ちる**」といい，支払期日になっても代金を受け取れないとき「**手形が落ちない**」といいます。
不渡り・不渡手形	支払期日になっても代金を受け取れない状況を「**不渡り**」といい，そのときの手形を「**不渡手形**」といいます。

第4話

花見酒の損益計算の不思議

1 落語の「花見酒」を知っていますか

　皆さんは，落語を聞いたことがありますか。落語だからといってばかにはできません。落語の世界にも，素晴らしい会計の話があるのです。現代風にアレンジして紹介しましょう。

　落語の世界の主人公に，熊さんと八つぁんがいます。少々頭の軽いこの2人が，横丁の酒屋から酒を1升借りて，満開さくら公園に花見に行くことにしました。**お花見の客に酒を高く売って一儲けしようと考えたのです。**2人は釣り銭として700円をふところに入れて，長屋を出ました。

　花見の客にはお酒を1合につき300円で売ることにしました。1升は10合ですから，全部売ったら3,000円になる計算です。お酒の原価が1,000円とすると，全部売れたら2人で2,000円の儲けになります。そう考えただけで2人は有頂天になりました。お酒を仕入れて，それを満開さくら公園に持って行って花見客に売るだけで2,000円も儲かるのです。

CHAPTER 1　会計を知らないと，どんな失敗をするか

　途中で，釣り銭を持っていた熊さんがいいました。「なあ，八つぁんよ，おれに酒をいっぺい（1杯）売ってくれ」。八つぁんは少し考えて，相棒のいう通りにしました。誰に売ろうと，代金さえもらえば同じだからです。

　しばらくすると，八つぁんの方も酒が飲みたくなりました。さっき熊さんからもらった300円がポケットにあります。その300円で熊さんから酒を買うことにしました。つぎにまた熊さんが酒を買い，その代金で八つぁんが酒を買いしているうちに，満開さくら公園に着いたときには酒びんはからっぽになっていました。

　すっかり酔っぱらった2人は，代金を計算するのですが，全部売れた割にはポケットのお金は少ししかありません。それでも2人には損をした気はしないのです。1杯売るたびに200円ずつ儲かったはずです。それもすべて現金で売ったのです。それなのにどうして手元には最初に釣り銭として用意した700円しかないのでしょうか。

2　内部取引は架空の取引

　現実の経済界でも，ここに紹介した落語の花見酒と同じことが行われることがあります。たとえば，取引先に頼んで商品を買ったことにしてもらい，後で買い戻すような帳簿上の操作を行ったりするのです（こうした不正な取引を，業界の裏用語で，**キャッチ・ボール**というそうです）。

　熊さんと八つぁんの場合も，**会社の内部で売り買い**しているのと同じです。会社の内部で売り買いしても，そこからは利益はでません。会計では，こうした企業内部での取引を**内部取引**と呼んで，利益の計算からはずしています。

21

もう少し身近な例を挙げますと，熊さんと八つぁんが親子だとしましょう。お父さんの熊さんが10万円で買ったものを3歳の八つぁんに100万円で売ったとします。お父さんは，本当に90万円儲けたでしょうか。お父さんが，この取引で本当に儲けたのであれば，このお父さんは，すぐにでも億万長者になれるでしょう。親と子供のような家庭内の取引（内部取引）から利益が生れることにすれば，誰でも億万長者になれるのですが，その利益には現金の裏づけもなく，分配したくてもできないのです。

　熊さんと八つぁんに，こうした会計の知識があれば，借金（お酒の代金は酒屋のつけになっていました）だけ残るということにはならなかったかもしれません。

KEYWORD

内 部 取 引	本店が支店に製品を売ったり，支店が本店からお金を借りたりする取引をいいます。会社全体として見ると，実質的な意味を持たない取引です。決算のときには，取引を取り消します。連結財務諸表を作成するときは，親会社と子会社，子会社と孫会社の間の取引が内部取引になり，取り消されます。
内 部 利 益	内部取引から生まれる「計算上の利益」のことです。たとえば，本店が100円で作った製品を支店に150円で販売したとすると，本店では50円の利益が生じます。ただし，この商品をお客さんに買ってもらったわけではないので，本当の意味での利益ではありません。こうした「会社内部」「企業集団内部」で商品などを移動するときに計上する「計算上の利益」を内部利益といいます。

CHAPTER 1　会計を知らないと，どんな失敗をするか

第5話

赤字覚悟で売る不思議

1　1円の携帯電話

　携帯電話を1円で売る店があります。何万円もする携帯電話を，どうして1円で売れるのでしょうか。

　似たような話に，**1円入札**というのがあります。何億円，何十億円もかかる建物の建築を1円で引き受けたり，数十億円もするコンピュータ・システムを1円で納入するというのですから驚きです。

　なぜ，最初から損をすることがわかっているのに，こうした商売をするのでしょうか。上で紹介したような，固定費を支払うためにムリを承知で受注するというのとは，少し話が違うようです。

23

2　1円携帯電話のからくり

　皆さんがよくご存じのように，携帯電話そのものが安く売られているときは，2年とか3年の長期契約をしなければならなかったり，通話料などが高く設定されたりしています。

　1円で落札したコンピュータ・システムにしても，ソフト・ウェアはタダ同然にして，ハード（機械）で元を取るとか，後日のメンテナンスや消耗品代・補修部品代で元を取るという計算ができるようです。

3　利益は後からついてくる

　最近ではコピー機やプリンターがずい分安く買えるようになりましたが，本体が安いのにくらべて，インクやトナーの価格が高いのも，同じような商法なのだと思います。

　ガソリン・スタンドが，女性客だけに特別価格でガソリンを売っていることがあります。1リッターにつき5円も10円も安いのです。原価を割っていることはみえみえです。女性が嫌いな洗車もオイルの点検もタダでしてくれます。

　損をしてでも，なぜ，女性客を優遇するのでしょうか。実は，ガソリン・スタンドには，それなりの計算があるのです。安いガソリンを入れに来た女性客に，他の商品，たとえば，オイル交換，添加剤，タイヤなどの補修部品，定期点検などを勧めると，女性客は，比較的言い値で応じてくれやすいといいます。ガソリンで損をしても，他の商品でその埋め合わせができればいいのです。「利益は後からついてくる」という話です。

第6話
資本金はあっても，借金は返せない不思議

1 会計を知らない社長たち

　ある日の役員会の席で，財務部長が，つぎのような**貸借対照表**を役員たちに配付した上で，こう言いました。

　「当社は，当期に入ってから**売掛金**の回収が遅れるようになってきており，ここ数か月来，資金繰りがつかなくなってきています。当月末に支払期限がきます手形が400万円ほどありまして，この支払財源をどうするか，ぜひ，ご検討ください」

貸 借 対 照 表	(単位：万円)
現　　　　　金　　　120	借　入　金　　2,000
売　　掛　　金　　3,400	支　払　手　形　1,600
商　　　　　品　　　250	資　本　金　　　700
⋮	⋮

売掛金というのは，商品を掛け（後払い）で売って，まだ代金を支払ってもらっていない金額を指しています。財務部長は，掛けで売った代金3,400万円を，まだ支払ってもらえず，支払手形の決済（代金支払い）ができずに困っているのです。

　この財務部長の発言を聞いて，エンジニア出身の社長が言いました。「財務部長，君が配付した資料を見ると，当社はまだ，資本金が700万円も残っているではないか。借入金なんかずいぶん使わずにいるのだから，月末の支払いは，それを使ったらどうかね」

　財務部長は，社長に何と説明したらよいでしょうか。社長の体面もありますから，「資本金はお金ではありません」などと言うのも差し障りがあるかもしれません。

2　資本金も借入金も「お金」に非ず

　貸借対照表というのは，左側に，会社の持っている財産を書き，右側に，その財産を買ったときの資金の出所を書くものです。ですから，次頁の貸借対照表を見ると左側に，当社が持っている財産として現金，売掛金，商品などが書かれていて，その財産を手に入れた資金源として，借入金（銀行からの借金），支払手形（商品を仕入れて代金が未払いの部分），資本金（株主が資本として出した部分）などが右側に書かれています。

CHAPTER 1 会計を知らないと，どんな失敗をするか

貸 借 対 照 表

鎌倉商店　　　　　　平成○年12月31日　　　　　　（単位：円）

資　　産	金　　額	負債および資本	金　　額
現　　　　金	210,000	支 払 手 形	210,000
売　掛　金	420,000	借　入　金	224,000
商　　　　品	350,000	資　本　金	1,400,000
備　　　　品	910,000	当 期 純 利 益	56,000
	1,890,000		1,890,000

　会計では，**現金**，**資本金**，**借入金**，**剰余金**，**積立金**などのように，「金」で終わる用語がたくさんあります。しかし，「お金」という意味で使うのは「現金」だけです。あとの用語は，そういう現金があるのではなく，「金額」を意味しているだけです。

　借入金というのは，**返済すべき借金がいくら残っているか**を示していますし，**資本金**というのは，お金ではなく，**株主が会社にいくらの資金を出したか**を意味するのです。銀行から借りたお金や株主が出した資金は，商品を仕入れたり，トラックを買ったりして使ったのです。買った財産のうち，まだ会社内に残っているものは，上の貸借対照表の左側に資産として記載されるのです。

27

3　資本金は見せられない

　この会社の社長と同じように,「資本金を見せろ」とか「金庫から借入金を出してこい」といったことをいう社長は後を絶たないそうです。でも,**資本金も借入金も出して見せることもできませんし,それで何かを買うこともできない**のです。

　経営者の中には,会計や経理のことをよく知っている人もたくさんいますが,どちらかと言えば,会計や経理にうとい経営者の方が多いようです。ですから,多くの経営者は,自分が経営する会社のことであっても,会計や経理のことになると知識が乏しく,そうかといって,誰かに聞くこともできずに悩むのです。

CHAPTER 1　会計を知らないと，どんな失敗をするか

第7話
会社の成績は良くも悪くもできる不思議

1　会計の仕事は「利益の計算」

　会社の資金を有効に使うためには，**資金の動きを記録し，ムダな資金を使わないように工夫し，どれだけ儲けが出たかを計算**する必要があります。そうした資金は，具体的には，商品や備品，建物などの形を取って運用されています。

　会社に投下された資金が，どういう形態で運用され，その結果，どれだけの利益が出たかを計算するのは，会計の仕事です。

2　評価の方法はいくつもある

　会社の利益を計算するには，いくつかの方法があります。会社の財産を評価する方法もいくつかあります。同じ事業内容でも，計算の方法が違いますと，利益の額や財産の額も変わります。極端な場合には，ある方法で計算すると利益が出て，別の方法で計算すると損失になるということもあります。

29

驚かないでください。こんなことは普段の生活の中では珍しくありません。大学生の答案を採点するとき，同じ答案を採点していても，論述の内容が論理的で，首尾一貫しているかどうかを重視する教授もいますし，答案に学生自身の意見や批判が盛り込まれていればよい点をつける教授もいます。自分の学説の通りに書かないと合格点をつけない教授もいるようです。同じ答案であっても，採点の基準が違えば，合否までも変わりかねません。

また，絵画，文学，音楽などの芸術の分野では，同じ作品に対してまったく逆の評価が下されることはまれではありません。

3　会社の利益は百面相

　会計というのは，**事業の成績評価**と同じですから，評価の基準が異なれば，異なる点数がつくのは当然といえます。問題は，**どの方法を，どういう基準で選ぶかを明確にしておく**ことです。そうした基準（「ものさし」といってもよいでしょう）をしょっちゅう変えるようでは，正しい評価ができません。また，自社が採用している方法を使って出てきた計算結果は，単に1つの結果であって，別の方法を採用していたら別の計算結果が出るということを十分に理解しておくことが大事です。

4　不思議な不思議な会社の世界へ

　どうでしたか。会社は不思議な世界だと思いませんか。私たちは，好むと好まざるとに関係なく，生活のどこかで会社と関係しています。私たちは，かすみを食べて生きている仙人ではありませんから，どこかの会社から給料をもらい，あるいは，自分で会社を経営したり会社と取引したりして生活の糧を得て

います。

 「私は親の財産で暮らしているから会社とは関係ありません」，といったうらやましい人もいるかもしれません。しかし，そういう人でも，どこかの電力会社が作った電気を使い，どこかの建設会社に頼んで家を新築してもらい，どこかの会社が経営する飛行機で海外旅行に出かけるではないですか。

 学生であれば，これからそうした経済社会に出てゆく準備をしている，いわば，潜在的な「**経済人**」なのです。誰もが会社とは無縁ではいられないのです。

5 会計の仕組みと記録がなかったら

 上で，現代の経済社会を生き抜いていくには，会計の知識とシステムが必要だということを知っていただいたと思います。しかし，会計は，天気予報と同じで，100％頼るというわけにはいきません。

 この世に天気予報がなかったら，私たちはどうすればいいでしょうか。北海道のように大陸性の気候の土地であれば，朝，空を見上げるだけでその日の天候を知ることができるといわれています。素人判断であっても，長い経験と勘で精度の高い予知ができるのでしょう。

 内陸部に住む人たちは，そうはいきません。ましてや山岳部に住む人たちは雲の動きや風向きくらいで判断しても「あたるも八卦」と変わりありません。いえ，北海道の人たちでも，これから1週間の天気を予報（予知）するのは素人では無理でしょうし，夜空を見上げて明日の天気を言い当てるのも，星空でもない限り無理ではないでしょうか。

「**会計**」とか，その知識を活用して会社の分析をする「**経営分析**」などは，「**天気予報**」に似ています。会計の知識と情報を駆使して会社を分析しても，天気予報と同様，しばしば外れます。しかし，「あまりあてにならないもの」はまったく無視したり，不要なものだとしていいものでしょうか。

「天気予報」は，たしかに，100％頼るわけにはいきません。100％頼ることができないものはすべて役に立たないとすると，私たちが腕につけている時計も，通勤・通学に利用している電車やバスも，小さな声でしかいえませんが大学の講義も，いえ，テレビや新聞のニュースだって，100％は信頼できない，つまり，役に立たないものになってしまいます。

こうしたものは，多少の狂いや誤差があることや，たまに誤報や判断ミスがあることを承知の上で利用すれば，非常に便利な知識・道具であると思います。

会計のシステムと知識がなかったら，上で紹介したような悲惨な目にあうかもしれません。では，**会計の知識があると，どういうことができるのでしょうか**。この話をつぎのCHAPTER 2で紹介します。

CHAPTER 2

会計を知っていると，何ができるようになるか

1 会社が儲かっているかどうかを読むことができる
2 売上の質を読むことができる
3 隣の会社と比べて，どっちが儲かっているかを知ることができる
4 会社が，どういう活動で儲かっているのかを読むことができる
5 会社が健全に成長しているかどうかを判定できる
6 会社の資本は有効に使われているかを判断できる
7 会社に借金を返す力があるかどうかがわかる
8 会社がどのくらい社会に貢献しているかが読める
9 会社の資金繰りがうまくいっているかどうかがわかる

前のCHAPTER 1 では，**会計の知識がないと，どういう失敗をするか**ということを例を挙げて説明しました。では，会計を知っていると，どういうことができるのでしょうか。その話の予備知識として，最初に「**何のために会計を学ぶのか**」という話をします。

1　何のために会計を学ぶのか

▶会社の健康診断

　普段は健康に自信がある人でも，友人や家族・同僚といった身近な人が健康を害したり入院したりしますと，急に，自分の体のことが心配になるものです。ましてや，普段から体調が悪かったり病気がちだったりしますと，熱が出たり食欲が落ちるなど，ちょっとした体の異変でも，大きな病気の前兆ではないかと心配になるものです。

　会社も同じです。同業の，ほぼ同じ規模の会社が何の前触れもなく倒産でもしますと，自分の会社にも同じ病魔が巣食っているのではないかと考えますし，売上げが落ち込んだり，資金繰りが苦しくなっているときには，自分の会社の将来に不安を感じたりするものです。

　私たちは，定期的に健康診断を受けたり，人間ドックに入って自分の体の健康度を調べたり，病気の有無を早期に知ることができます。体調が悪かったり，微熱がでたり，自覚症状があれば医者に診てもらい，悪いところがあれば処方箋を書いてもらって薬を飲んだり，手術を受けたり，健康を取り戻そうとします。

CHAPTER 2　会計を知っていると，何ができるようになるか

　順調に売上げを伸ばしている会社が突然に破たんすることもありますが，きっと，わが社の成長を過信して，健康診断を怠ったのが原因ではないかと思います。

　戦国時代の武士のことばに，「敵を知り己を知らば，百戦危うからず」というのがあります。現代流にいいますと，「敵」とは「競争相手」「お客様」で，「己」とは自分の会社です。商売敵やお得意様をよく知り，かつ，自分のことを正しく理解しているならば，「百戦危うからず」，つまり，「百回戦っても，負けることはない」のです。自分を正しく知るということは戦においても経営においても非常に大事なことなのです。

▶問題発見 ── 問題解決

　最近は，著名な会社や名門の会社が，ある日，突然のように破たんしたり廃業に追い込まれたりしています。最近の倒産事例をみていますと，会社の経営者や従業員でさえ，直前まで自分の会社が倒産することに気がつかないこともあります。

　会社が倒産しますと，会社の経営者や株主はもちろん，従業員や取引先，会社に資金を提供していた銀行なども，大きな被害にあいます。

　しかし，会社の倒産は，ある日，前触れもなく，突然にやってくるものではありません。普段から気をつけていれば，かなり前から経営がおかしくなる予兆があるものです。

　多くの場合，そうした予兆は**会計データ**（財務情報）や**営業面**に現れます。たとえば，「売掛金が急激に増えた」とか，「倉庫の在庫や返品が増えた」とか，「現金預金が急減した」とか，社内にいれば誰でも気がつくことが多いと思います。

▶経営者は自分の会社のことがわからない

　ところが，証券取引所に上場しているような大規模会社でも個人経営の店の場合でも，経営者が自分の会社・店がどうなっているのかを知らないケースが多いのです。個人企業の場合は，経理のことは税理士の先生に任せきりにしていることも少なくありません。大企業の場合は，事業が世界規模であったり，工場が日本中に点在していたりして，わが会社のことがうまく把握できないこともあるようです。

　しかし，どちらにしても，自分が責任を持って経営している会社です。会社の財務データを少し気をつけて見ていると，わが社の現状も，最近の動向も，さらには問題点まで見通せるのです。

　たとえば，月次の売上高が低下傾向にあるとか，工場の電気代（電力消費量）が減ってきた（稼働率が下がった）とか，残業手当や販売員の交通費が増えた（売上増加が期待できる）とか，ちょっと気をつけていれば，本社にいながらでも，製造部門や管理部門，販売部門の活動状況やその効率を把握することができるのです。

　会計情報の分析は，つぎの図のように，①何が問題なのか，⇒②何が原因なのか，⇒③どうやって問題を解決するか，⇒④問題は解決したか，⇒⑤新しい問題は発生したか，⇒⑥新しい問題への解法は何か……という順番で問題発見と問題解決を図るものです。⑤で，新しい問題が発生すれば，⑤から再び，①何が問題なのか，⇒②何が原因なのか，という問題解決のサイクルに戻ります。

問題発見→問題解決のサイクル

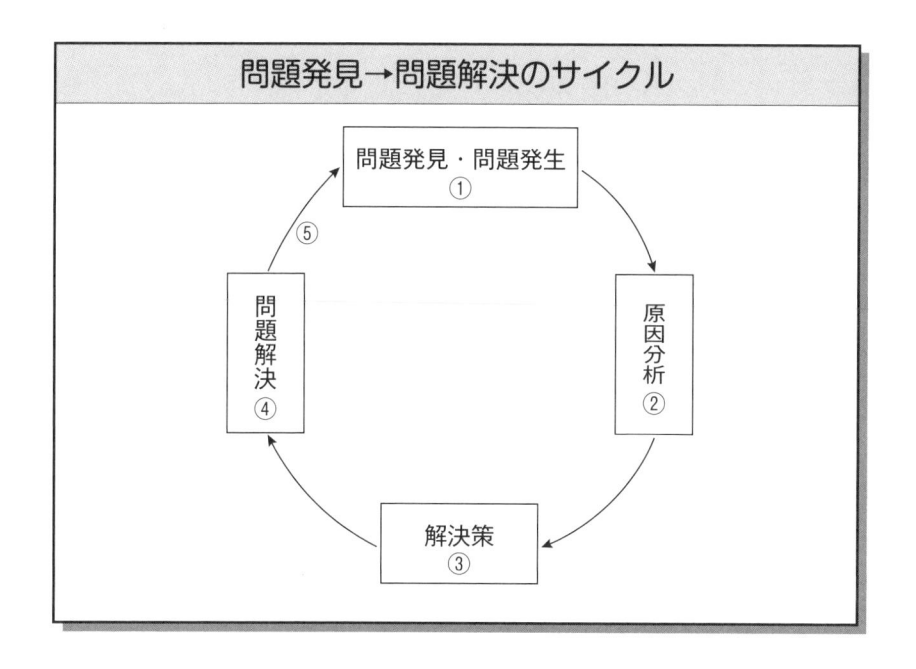

```
      問題発見・問題発生
            ①
    ⑤  ↗         ↘
  問題解決         原因分析
    ④              ②
      ↖         ↙
          解決策
           ③
```

　問題を発見する技法は,多くの場合,一般化することができます。たとえば,**売上高のデータ**を月次でとりますと,昨年と比べて増加傾向にあるのか減少傾向にあるのかがわかります。利益率が良くなったかどうかを調べるには,**資本利益率**や**売上高利益率**を計算すればわかります。問題点を見つける方法としては,どこの会社でも使える技法がいろいろ開発されているのです。

　ところが,そうして発見された問題をどうやって解決するかは,どの会社にも当てはまる技法というものがありません。たとえば,売上げが落ちてきたという「お米屋さん」があったとします。そのお米屋さんの売上げがなぜ落ちてきたのかを具体的に調べてみませんと,適切な解決策が立てられないのです。

お米屋さんの近くにスーパーができて，スーパーのほうが安く米を売っているということもあるでしょう。別のお米屋さんが御用聞き（1軒ごとに注文を取りにくる）に回っているといったこともあります。あるいは，自分の店には「無洗米」を置いていないことが原因かもしれません。もしかしたら，店に駐車場がないことが原因かもしれません。店の雰囲気が暗いとか，店番をしている店員が横柄だとか，重い米を駐車場まで運ぶのを店員が手伝ってくれないとか，いろいろな原因が積み重なっているかもしれません。

　売上げが落ちてきたということがわかっても，その原因が非常に多岐にわたるために，解決策は店ごとに違うのです。駐車場を増設すれば解決することもあり，店の模様替えか店員の教育で売上げが増えるかもしれません。実験的に「無洗米」を置いてみるのもいいでしょう。立地を変えないと売上げの減少を止められないかもしれません。

　会計情報の分析は，何が問題か，どこに問題があるか，何が原因なのかという問いに答えを示してくれます。つまり，これから紹介する多くの**計算式や指標は「問題を発見する」ためのもの**です。発見された問題に対する解決策の多くは，経営の現場で見つけ出されるものです。解決策を実行して，問題が解決したかどうかは，もう一度，新しい会計情報を分析することで明らかにされるのです。

　それでは，もう少し具体的な例や数字を使って，「会計を知っていると何ができるようになるか」を説明しましょう。

2 会社が儲かっているかどうかを読むことができる

　会社は，会計のテクニックを使って，定期的に（半年ごとや1年ごとに）決算書を作成します。決算書には，損益計算書，貸借対照表（バランス・シート），キャッシュ・フロー計算書という3つの種類があります。3つの計算書については，つぎの章以下で詳しく述べることにして，ここではちょっとだけ内容を紹介します。

　損益計算書には，その期間にどれだけの商品が売れたか（売上高），その商品をいくらで仕入れたか（売上原価），商品を販売するのにどれだけの人件費（給与）や経費（電気代，通信費，輸送費など）がかかったかなどが書いてあり，その営業活動の結果，どれだけの利益（**当期純利益**）があったかが計算されます。

損　益　計　算　書

鎌倉商店　　平成○年1月1日から
　　　　　　平成○年12月31日まで　　　　（単位：円）

費　用	金　額	収　益	金　額
広　告　費	42,000	商　品　売　買　益	140,000
給　料	28,000	受　取　利　息	14,000
支　払　家　賃	21,000		
雑　費	7,000		
当　期　純　利　益	56,000		
	154,000		154,000

　損益計算書の末尾のところには，こうしてその期間に稼いだ利益額が書いてあるのですが，その額を見ても，いくらの利益があったかはわかりますが，その額が会社にとって多いのか少ないのか，適正な額なのかはわかりません。ま

た，使っている資本（元手，最初に投資した額）に見合うだけの利益なのかどうかも，わかりません。

そこで，会計では，つぎのような計算をします。この計算には，損益計算書に書いてある利益の額だけではなく，貸借対照表に書いてある「資本」の額（総資本または株主資本）も使います。

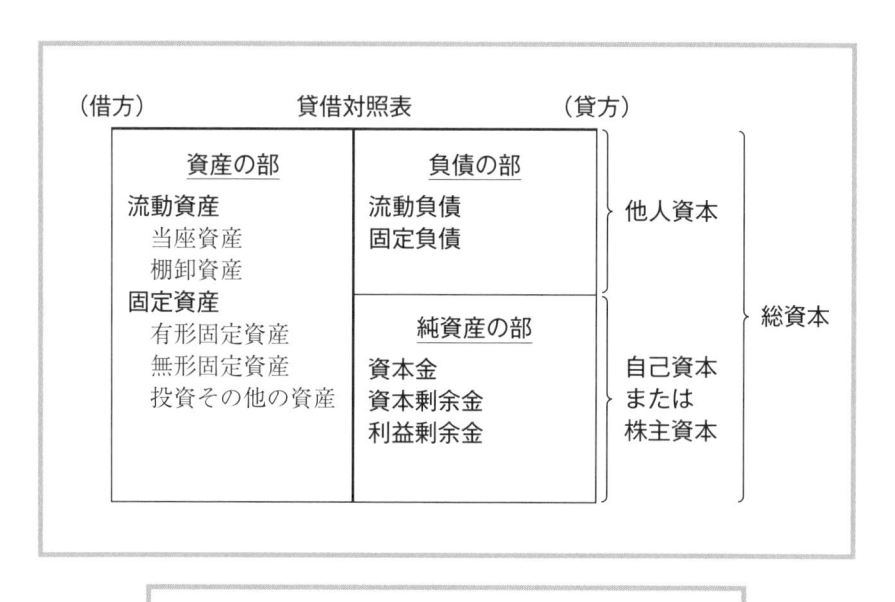

（借方）	貸借対照表	（貸方）	
資産の部	負債の部		
流動資産	流動負債	他人資本	総資本
当座資産	固定負債		
棚卸資産			
固定資産	純資産の部		
有形固定資産	資本金	自己資本	
無形固定資産	資本剰余金	または	
投資その他の資産	利益剰余金	株主資本	

$$総資本利益率 = \frac{当期純利益}{総資本} \times 100(\%) \quad \cdots\cdots(1)$$

$$株主資本利益率 = \frac{当期純利益}{株主資本} \times 100(\%) \quad \cdots\cdots(2)$$

上の(1)式では，会社がどれだけの資本を使って，当期にどれだけの利益を上げたかを，パーセントで示すものです。いわば，会社の**経営者の利益獲得能力**

を示す指標といえます。(2)式は，会社の持ち主，株式会社であれば**株主にとっての利益率**を計算するものです。株主は(1)式の利益率よりも(2)式の利益率に強い関心を持っています。

具体的な話をしましょう。株主が出した（これを拠出といいます）資本が100億円で，会社はほかに銀行から300億円を借りて営業しているとしましょう。1年間の営業から，当期純利益が20億円だったとします。

この会社の総資本利益率と株主資本利益率を計算すると，つぎのようになります。

$$総資本利益率 = \frac{当期純利益20}{総資本400} \times 100(\%) = 5\% \cdots\cdots(1)$$

$$株主資本利益率 = \frac{当期純利益20}{株主資本100} \times 100(\%) = 20\% \cdots\cdots(2)$$

こうした計算からは，この会社が総資本利益率からみると平凡な利益率の会社であるが，株主からみると非常に魅力的な会社であることがわかります。

3 売上げの質を読むことができる

利益の額の良し悪しは，売上げの大きさとも関係しています。100億円の売上げがあるA社の利益が10億円だとします。他方，売上げが50億円ですが，利益は10億円という会社（B社）があったとしましょう。両社の売上げの質を見るには，つぎのような「**売上高利益率**」を計算します。

$$売上高利益率 = \frac{当期純利益}{売上高} \times 100(\%)$$

売上高利益率は,「100円売るたびに,何円の利益がでるか」を計算するものです。では,A,B両社の売上高利益率を計算してみましょう。

A社
$$売上高利益率 = \frac{当期純利益10億円}{売上高100億円} \times 100(\%) = 10\%$$

B社
$$売上高利益率 = \frac{当期純利益10億円}{売上高50億円} \times 100(\%) = 20\%$$

A社は,100円売るごとに10円の利益が上がる会社ですが,B社は,100円の売上げがあるたびに20円の利益が出る会社です。どちらの会社が**売上げの質**(100円の売上げの中にどれだけの利益が含まれているか)がよいか,これでよくわかると思います。

4 隣の会社と比べて,どっちが儲かっているかを知ることができる

上で紹介した「**資本利益率**」と「**売上高利益率**」を使えば,自分が経営している(勤めている)会社と隣の会社を簡単に比較することができます。

5　会社が，どういう活動で儲かっているのかを読むことができる

　会社は，いろいろな活動をします。商品を仕入れて販売する会社もあります。メーカーは製品を作って販売します。金融業のように，お金の貸し借りで利益を稼ぐところもあります。

　会社がどういう事業（活動）で利益を上げているかは，損益計算書を見るとよくわかります。損益計算書には，どういう活動から利益が上がったかが示されています。たとえば，商品・製品を販売して得た利益（**売上総利益**）がいくらで，本業からの利益（**営業利益**）がいくらで，本業や金融活動から得た利益（**経常利益**）がいくらか，その期にとっては臨時・異常な損益を加減して計算した「**当期純利益**」はいくらになるかが書いてあります。詳しいことは，CHAPTER7で紹介します。

6　会社が健全に成長しているかどうかを判定できる

　会社が**成長期**にあるのか，**停滞期**あるいは**衰退期**にあるのかは，重要なことです。成長期にある会社の場合は，資金，人材，店舗などの拡張を見据えた計画を立てなければなりません。停滞期や衰退期にある会社の場合には，撤退する事業の選択や人材の再配置やリストラを考えなければなりません。

　会社が成長期にあるかどうかは，**売上高**，**総資本**，**経常利益**，**従業員数**などの変化をみるとわかります。これらの数値が同じような比率で伸びている場合には，会社は**健全な成長**を遂げていると考えられます。

しかし，売上高は伸びているのに当期純利益が減少しているという場合には，無理な販売（たとえば，**押し付け販売**）や利益を無視した販売が行われている可能性があるでしょう。

総資本（投資）が増えているけれど売上げが増えていない場合には，投資の効果がまだ表れていないか，その投資が無駄であったこともあります。こうしたことについては，後のCHAPTER 9 と10で詳しく検討します。

7　会社の資本は有効に使われているかを判断できる

会社を始めるには，ある程度のまとまった**資金（資本）**が必要です。大きな規模の会社の場合は，株主（会社のオーナーにあたります）から資金（株主資本）を集め，それだけでは足りないときには銀行や保険会社などから資金（**負債**）を借ります。

株主から集めた資金は「**自己資本**」または「**株主資本**」，銀行などから借りた資金は「**他人資本**」とも呼びます。こうした呼び方は，会社のオーナーである株主の立場から資金の出所を説明したものです。株主が出した資金も銀行が出した資金も，会社を経営するときには同じ**資金（資本）**として使います。両者が出した資金の合計を「**総資本**」と呼びます。

会社は，総資本を使って，1年間にどれだけの利益を上げたかを，つぎのような「率」で表します。

$$資本利益率 = \frac{当期純利益}{総資本（＝自己資本＋他人資本）} \times 100(\%)$$

たとえば，A社が株主から100億円，銀行から20億円の資金を集めて，1年間に6億円の利益を上げたとしましょう。この場合には，**資本利益率**はつぎのように計算します。なお，この式で分母に総資本を使っていますから，総資本利益率ともいいます。

$$\text{資本利益率（総資本利益率）} = \frac{\text{当期純利益6億円}}{\text{総資本120億円}} \times 100(\%) = 5\%$$

これでA社が，1年間で，使った資本の5％にあたる利益を稼いだことがわかります。この5％という数値が利益率としてよい数値なのかどうかは，これだけではわかりません。この会社の**過去の成績と比較**したり，**同業他社の利益率と比較**したり，**業界の平均値**などと比べて，利益率の良し悪しを判断します。同業他社よりも高いとか平均を大きく上回っている場合には，この会社が資本を有効に活用していることがわかります。

8 会社に借金を返す力があるかどうかがわかる

会社に資金を出している銀行や，会社に商品などを納入している取引先は，貸したお金や商品の代金を会社が期限通りに払ってくれるかどうかに強い関心を持っています。会社が借金を払うことができる能力を，「**債務弁済能力**」といって，つぎのように計算します。

ここで「**流動資産**」とは，「**現金と，1年以内に現金に変わる資産**」をいい，たとえば，販売するために所有している商品や，値が上がることを期待して持っている有価証券などを指します。また，「**流動負債**」とは，「**1年以内に返済しなければならない負債（借金）**」を指しています。

$$流動比率 = \frac{流動資産}{流動負債} \times 100(\%)$$

ここで計算する**流動比率**は，短期の負債（借金）をすぐに返すとしたら財源としての流動資産がどれくらいあるかを見るものです。この比率は，一般に，200％以上あることが望ましいといわれています。ただし，日本の優良会社では150％前後が多いようです。

皆さんの会社が，ある会社に，商品を掛けで（代金は後で受け取る約束）売るとしたら，後日に代金を払ってくれるかどうかを知ることは重要です。もしかして，この会社の流動比率が200％を大きく割り込んでいたら，掛けで売った代金（売掛金といいます）を払ってもらえないかもしれません。会社としては，新しい取引に入る前に，**取引先の会社の流動比率**を計算しておきたいものです。

9　会社がどのくらい社会に貢献しているかが読める

現代の会社（株式会社）は，多くの人たちから小口の資金を集め（これで，大きな資金にできます），**限りある経済資源**（輸送に使う石油も，パンを作る小麦粉も，有限の経済資源です）を使って企業活動を展開しています。ですから，現代の会社は「利益を追求」するだけではなく，「**資金や資源を有効に活用して経済社会に利益の一部を還元**」しなければなりません。

会社が，社会のどの方面に，どれくらいの貢献をしているかは，**付加価値を計算**するとわかります。

付加価値は，その会社が独自に作り出した価値，その会社の経営成果です。わかりやすい例として，今，3人で雪だるまを作るとしましょう。Aさんが自分1人でバスケット・ボールくらいの大きさの雪だるまを作り，それをBさんに渡しました。Bさんはそれを，運動会のときに使う玉ころがしくらいの大きさにしてCさんに渡し，Cさんはアドバルーンほどの大きさにしたとします。この場合，A，B，C3人の付加価値は，それぞれが加えた雪の量です。

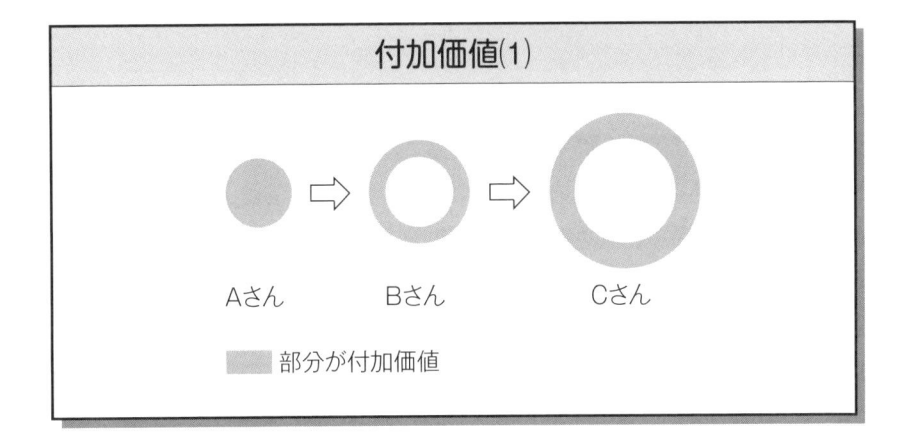

付加価値(1)

Aさん　Bさん　Cさん

■部分が付加価値

　もう少し現実的な話をします。Dさんが小麦粉を500円で仕入れてホットケーキを作りました。それを，喫茶店を営むEさんに，1枚80円で10枚，合計800円で売り，Eさんは店に来たお客さんに1枚130円，合計1,300円で売ったとします。

　Dさんは800円の収入がありましたが，その全部がDさんの企業努力の成果ではありません。800円のうち500円は小麦粉を作った人の努力の成果であり，Dさんはこれに300円分の成果を積み上げたのです。これがDさんの成果，「**付加価値**」です。Eさんは，1,300円の収入がありますが，そのうち800円は自分が努力した成果ではありません。したがって，Eさんが生み出した付加価値は，1,300円 − 800円 = 500円です。

付加価値(2)

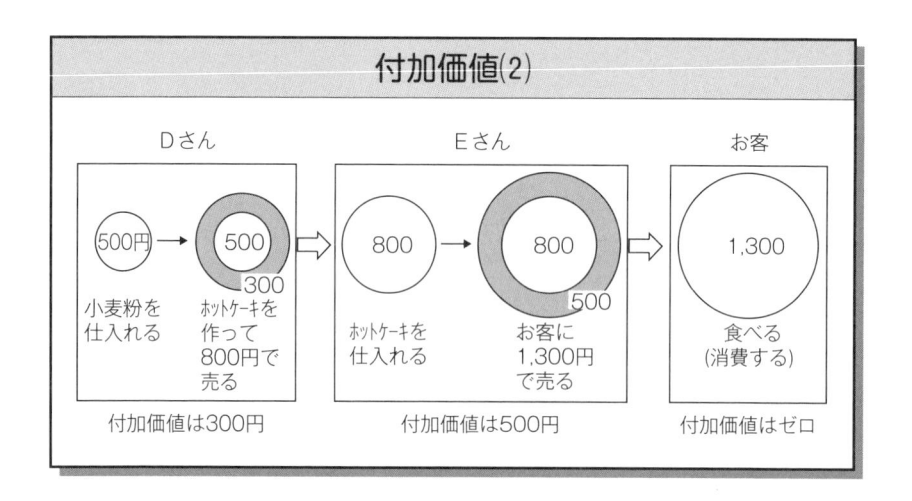

	Dさん		Eさん	お客
500円 →	500 / 300	800 →	800 / 500	1,300
小麦粉を仕入れる	ホットケーキを作って800円で売る	ホットケーキを仕入れる	お客に1,300円で売る	食べる(消費する)
	付加価値は300円		付加価値は500円	付加価値はゼロ

　会社が独自に生み出した価値（付加価値）は，その会社の**社会的貢献度**を表しています。社会のどういうところに貢献しているかは，付加価値の分配を見るとわかります。

　会社は，独自に生み出した付加価値を，たとえば，従業員に（給料として），株主に（配当として），銀行などに（利息として），国に（税金として）分配します。こうした分配を見ると，その会社が社会のどこに，どれだけ貢献しているかが読めるのです。

10 会社の資金繰りがうまくいっているかどうかがわかる

　有名な会社でも大規模な会社でも，突然，倒産することがあります。倒産するのは，原因が2つあります。「**債務超過**」と「**資金ショート**」です。

　債務超過というのは，会社が持っている資産（総資産）では負債（借金）を返せない状態になることをいいます。

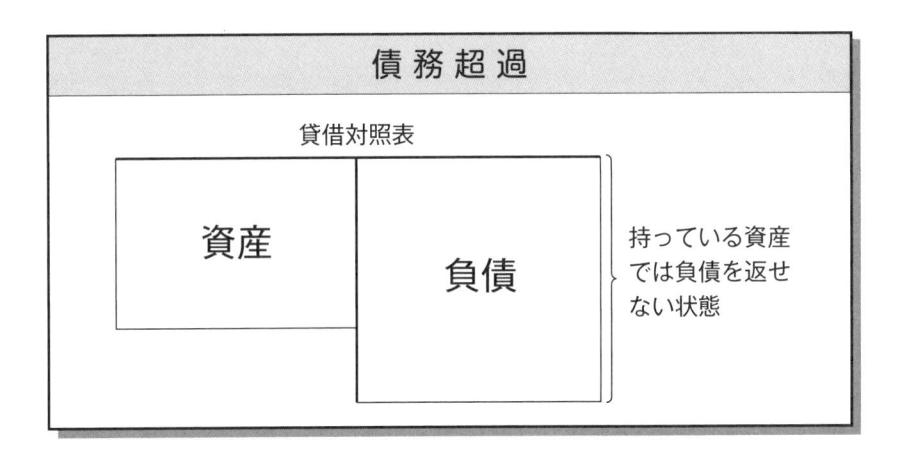

```
債務超過
　　　　貸借対照表
　資産　　　負債　　　持っている資産
　　　　　　　　　　　では負債を返せ
　　　　　　　　　　　ない状態
```

　資金ショートというのは，今日返さなければならない借金を返せない状態をいいます。債務超過になったかどうかは会社の経営者にしかわかりませんが，資金がショート（不足）したかどうかは社外の人でもすぐにわかります。

　資金がショートすると，会社が発行した手形や小切手が決済できずに「不渡り」となります。「**不渡り手形**」「**不渡り小切手**」を出しますと，どの銀行も取引先も取引を停止し，資金を引き揚げますから，会社はたちまちにして営業ができなくなります。

会社が作成する「キャッシュ・フロー計算書」を注意深く観察していますと，会社が「不渡り」を出しそうな予兆をつかむことができます。上に紹介した「**流動比率**」も，会社の資金繰りを読むためには役に立ちます。

　会計がわかると，まだまだ，いろいろなことを知ったり計算したりすることができます。たとえば，**工場別・製品別・地域別の損益を計算**すること，会社の**配当戦略**や**経営戦略**を読むこと，会社のリスク対応を知ること，いくら売れれば損しないか（**損益分岐点**）の計算，原価にいくらの利益を上乗せして価格を決めるべきかの計算などなど，会社のお金と損益に関することであればあらゆる計算ができるようになります。

　読者の皆さんには，ここまで，**会計の知識がないとどういう失敗をするか**という話と，**会計を知っていれば何ができるか**，という話を読んでもらいました。

　どうでしたか。会計って，けっこう面白い，いや，けっこう役に立ちそうだ…と思いませんか。

　それでは，いよいよ，少し専門的な会計の世界に入ることにしましょう。読者の皆さんの中には，この本を手にする前に簿記を勉強している方がいると思います。そうした皆さんは，きっと，これから学ぶ「**会計**」とこれまでに学んできた「**簿記**」とはどういう関係にあるのか，気になることと思います。

　実は，簿記と会計は，コインの表と裏のように，密接な関係があるのです。つぎにそのことを書きます。簿記を勉強した方はざっと読んでください。簿記を勉強したことがない方は，少し時間をかけて読んでください。

CHAPTER 3

経理課をのぞいてみよう

1 経理課にはどんなデータが集まるか
2 電気代がわかれば会社の売上げがわかる
3 アイスクリーム屋のコーンが減ると
4 決算公告を見たことがありますか
5 そのデータはどうやって作成されたか
6 簿記を覚えると何ができるようになるか

会社に勤めている人なら，**経理課**とか**会計課**をのぞいたことがあると思います。経理課には，「仕訳帳」とか「得意先元帳」とか「商品有高帳」といった帳簿類や「入金伝票」とか「出金伝票」といった伝票類はありましたか。そんな帳簿や伝票は見たことがないという人も多いと思います。

　その代わりに，経理課で見るのは，たくさんのデスクトップのコンピュータとプリンターではないでしょうか。そうです，最近の経理は，手書きで帳簿をつけたり伝票を作成したりする代わりに，そうした作業のほとんどをコンピュータによって処理するようになりました。

　経理事務が機械化されるようになりますと，**ペーパーレス**といって，これまで紙（帳簿や伝票）のうえに残してきた記録を，**コンピュータの記憶装置に保存**するようになります。また，これまでは１つの取引を会計処理するのに，何カ所もの帳簿や伝票に取引の内容と金額，日付などを転記しなければなりませんでしたが，そうした作業は不要になりました。計算や転記のミスも生じません。

　経理課というと１日中，そろばんや電卓で計算ばかりしているところみたいに思われますが，そうではありません。経理課に配属されると，これまでは，「そろばん」ができないとか，計算が遅いとか，白い目で見られることもあったでしょうが，そんなことはいまでは問題ではなくなりました。計算はすべてコンピュータがやってくれます。「合計が１円合わないために残業」，なんてことは昔の話です。

　これは大企業だけの話ではありません。いまや，中小規模の会社や商店でも，**経理は機械化**されています。店にはコンピュータなどはなくても，店にある端末機が電話回線で公認会計士・税理士の事務所や情報処理会社にあるコンピュータとつながっていますから，いつでもコンピュータを利用できます。

CHAPTER 3 経理課をのぞいてみよう

	🔑 KEYWORD
仕　訳　帳	取引ごとに，借方（左側の要素）と貸方（右側の要素）に分けて記録し，あわせて取引の概要を記入する帳簿です。
得意先元帳	得意先というのはお得意さんのことです。この帳簿に記入するのは，掛けで販売したときの売掛金を管理するものです。売掛金元帳ともいいます。
商品有高帳	商品の種類別に仕入れ量，販売量を記録し，在庫の量がわかるようにする帳簿です。
入 金 伝 票	仕訳帳の代わりに現金の収入を伴う取引を記録する伝票です。通常，赤色の伝票を使うことから，「赤伝」といいます。
出 金 伝 票	仕訳帳の代わりに現金の支出を伴う取引を記録する伝票です。「青伝」といいます。
振 替 伝 票	現金の収支を伴わない取引を，仕訳帳と同じように記録します。青または黒色の伝票で，「振伝」といいます。

1 経理課にはどんなデータが集まるか

　経理課とか会計課というところは，基本的には，会社のお金を扱う部門です。仕入先に商品の代金を支払ったり，得意先（お得意さん）から売上代金を回収したり，出張する社員に旅費や滞在費を支払ったりその精算をしたり，銀行からお金を借りたり，社員の給料の計算をしたり，**お金を出し入れすることはすべて経理課とか会計課**で扱います。

53

経理課に集まる情報

情 報 の 種 類	経理課の扱い
商品の仕入れ情報	仕　入　高
製品の製造情報	製　　　品
売上げの情報	売　上　高
従業員の勤務に関する情報	給　　　料
電力料金の請求書と領収書	電　力　料
交通費の請求書と領収書	交　通　費
工場の建設計画	建物・機械

　お金でなくても，**会社の財産**に関することなら，やはり経理部門の仕事です。新しい工場を建てたとします。工場には，機械や工具を入れ，電気や水を通し，工員や守衛を雇い入れ，原材料を調達し，製品を運搬するための車両や保管用の倉庫も必要になります。

　工場を建設しこれを稼働するのは，一見して，お金と関係ないようにも見えますが，実は，工場を建てるのにも，機械や車両を用意するにも，工員を雇うのにも，けっきょくはお金が必要です。

　支店を開くことにしたとしましょう。土地・建物を購入するか，それとも**リース**でまかなうか，それによって資金繰りに重大な影響を持ちますし，損益計算の結果にも大きな相違がでます。**土地・建物を自社で保有する**とすれば多額の現金を用意しなければなりませんが，いったん購入すれば，それを担保として資金を借りることもできるようになります。

土地・建物をリースで借りるとすれば，当面の資金は少なくて済みますが，借りている間は毎月毎年，リース料を支払わなければなりません。どちらが有利かを計算するのも会計課の仕事です。

会社の活動は，どのような活動でも，かならずお金が動きます。商品を仕入れて販売しようとすれば，商品の仕入代金，店舗の使用料，店員の給料などがかかります。商品が売れればその代金が入ってきます。仕入先に電話を掛ければ電話代，仕入れのために問屋に出向けば交通費，商品を包装すれば包装紙代，お得意先に届ければ運送費，店の電気代・水道代・広告費……。会社の活動はどんなものでも必ずお金が動くのです。

2　電気代がわかれば会社の売上げがわかる

　会社が何か活動をすればお金が動くということは，逆に，**お金の動きを注意して見ていれば会社の動き（活動）が見える**ということにもなります。

　ラーメン屋さんを経営しているとしましょう。生の麺1個の仕入れ値が100円で，これにシナチクやモヤシなどを加えて300円で販売するとします。今週は，全部で500個仕入れたので麺の代金を50,000円支払ったとします。売れ残りがないとすれば，この店の売上高は，レジスターの売上高を計算するまでもなく，「麺の仕入代金」からわかるのです。

　仕入代金は50,000円でした。1個100円でしたから，仕入れたのは500個だということがわかります。500個を，1個300円で売ったのですから，売上高は150,000円になります。レジスターの現金から麺の代金50,000円を支払ったとしますと，今週1週間で現金が100,000円増えているはずです。

絶え間なく原料を仕入れているとすると，経理課で支払う代金もすこしずつ増えていきますから，本社にいても，工場の動きが手に取るようにわかります。**工場の電気代は工場の活動量と正比例**しますから，電気代が増えると工場の生産活動が盛んであることがわかりますし，電気代が少なくなると，工場の仕事が減ってきたことがわかります。

　理容院や美容院の売り上げは，シャンプーなどの消耗品に正比例します。ですから，お店のシャンプーや整髪料の仕入れ高がわかれば，売上げもわかるのです。病院の収入（医療収入）は，治療や手術に使う薬品や注射針などの注文量に正比例します。

　お金の動きやお金に連動したもの（シャンプーや空き瓶）を見るだけで，会社の動きが手に取るようにわかるのです。

3　アイスクリーム屋のコーンが減ると

　外部から会社の動き（活動）を知るには，その会社のお金の動きを見るというわけにはゆきません。ラーメン屋さんの売り上げを知りたくても，「麺の仕入代金」を聞くわけにもゆきません。しかし，1日の終わりにラーメン屋さんが捨てるゴミのなかに，どれくらいの箸が入っているかを見れば，おおよその売り上げがわかります。

　飲み屋さんなら，店の裏に積まれたビール瓶の空きケースやウイスキーのボトルを数えれば，1日の売り上げがほぼ正しく計算できます。アイスクリーム屋さんでしたら，コーンの減り具合で売上げがわかります。

CHAPTER 3　経理課をのぞいてみよう

　お金は，モノ（企業の活動）と一緒に動くということです。経理課とか会計課では，そうしたお金の動きや財産の変動を記録して，半年とか1年ごとにデータを分類・集計します。こうした定期的に会計データを分類したり集計することを「**決算**」といいます。この作業によって，会社の財産の状態（財政状態）と利益のおおきさ（経営成績）を確かめるのです。

4　決算公告を見たことがありますか

　今日の企業形態のうち，もっとも典型的なのは**株式会社**です。株式会社は，たくさんの人たち（投資者）から資金（**資本**といいます）を集めて経営しますから，定期的に，経営の結果を株主に報告します。今年はいくらもうかったとか，損したとか，その結果，現在は預かったお金をどういうように運用しているか，などを株主に報告します。

　日本経済新聞や**官報**に，大手の企業が公表した「**決算公告**」が掲載されています。見たことがありますか。

　また，現在では，紙の上の公告に代えて，**電磁的方法**（インターネットのホームページ上での公開など）によることが認められています。ホームページをもつ会社の決算公告は，インターネットで見るほうが便利になりそうです。

　もう1つ，大会社（上場会社など）の場合には，**連結計算書類**（連結貸借対照表と連結損益計算書）またはその要旨も公告することになっています。上場会社の場合には，インターネットで「**EDINET**」あるいは「**エディネット**」と入力しますと金融庁のＨＰ（電子開示システム）が出てきますから，その頁の下の方にある「閲覧」をクリックすると財務諸表を見ることができます。

たとえば，カルピス株式会社の決算公告はつぎのようなものでした。

第67期決算公告

平成25年3月25日

東京都渋谷区恵比寿南二丁目4番1号
カルピス株式会社
取締役社長　山田　藤男

貸借対照表の要旨
（平成24年12月31日現在）

（単位：百万円）

科目	金額	科目	金額
流動資産	31,394	流動負債	24,094
固定資産	31,115	（うち賞与引当金）	(572)
有形固定資産	24,658	（うち役員賞与引当金）	(18)
無形固定資産	524	固定負債	3,437
投資その他の資産	5,932	（うち退職給付引当金）	(1,125)
		（うち役員退職慰労引当金）	(273)
		負債合計	27,532
		株主資本	34,251
		資本金	13,056
		資本剰余金	9,897
		資本準備金	9,897
		利益剰余金	11,297
		利益準備金	1,357
		その他利益剰余金	9,940
		評価・換算差額等	725
		その他有価証券評価差額金	725
		純資産合計	34,977
資産合計	62,510	負債・純資産合計	62,510

損益計算書の要旨
自　平成24年　4月　1日
至　平成24年12月31日

（単位：百万円）

科目	金額	科目	金額
売上高	88,402	経常利益	6,137
売上原価	41,593	特別利益	9
売上総利益	46,808	特別損失	1,673
販売費及び一般管理費	40,964	税引前当期純利益	4,472
営業利益	5,844	法人税、住民税及び事業税	1,644
営業外収益	309	法人税等調整額	△8
営業外費用	16	当期純利益	2,837

（注）第67期は、決算期変更にともない9ヵ月決算となっております。

CHAPTER 3　経理課をのぞいてみよう

	🔑 KEYWORD
公告と広告	「広告」は，advertisementのことで，「公告」はannouncementのことです。 　ともに，世の中に情報を伝えることです。しかし，広告には，新製品の効能などを宣伝して顧客をさそうといった意味合いが強いのですが，公告は，単に情報を公開するといった意味で使われます。 　「決算公告」は，会社法の規定によって，すべての株式会社が決算書の概要を日刊新聞か官報に「有料で情報公開」するか，上で書きましたように，電磁的方法（インターネットのホームページ上など）で公開するものです。

　この決算公告は，簿記のゴールです。簿記は最後に，決算という作業をして，こうした決算書類を作成し，公表します。

　ところで，この決算公告から，何を読みとれるでしょうか。

　カルピスの規模はどれくらいか，というと，資本の大きさでは，625億円，売上高（営業収益）では884億円，利益（当期利益）では，28億円といったことがわかります。また，この会社の**「利益を上げる力」**すなわち，**収益力**を計算することもできます。

　ふつう，投資の収益力は，**資本利益率**といって，

$$資本利益率 = \frac{利益}{資本} \times 100 \,(\%)$$

として計算されます。ちょうど，銀行や郵便局にお金を預けたときの利息の計算と同じです。

$$預貯金の利率 = \frac{当期の利息}{当期の預貯金額} \times 100 (\%)$$

では，カルピスの資本利益率はいくらでしょうか。

$$資本利益率 = \frac{利益(28億円)}{資本(625億円)} \times 100 (\%) = 4.48\%$$

また，この会社が，本業でいくらくらい稼いだか（営業利益58億円），とか，財テクでどれだけの損益があったか（営業外損益29億円）もわかります。

貸借対照表という表を見ると，現金預金や商品などの流動資産を313億円もっているとか，資本金が130億円であることなどが読みとれます。

5　そのデータはどうやって作成されたか

この決算公告に掲載されている**損益計算書**や**貸借対照表**はどのようにして作られたのでしょうか。この話をすこしします。

CHAPTER 3 経理課をのぞいてみよう

　企業はいろいろな活動をしています。商品を仕入れ，それを店頭に並べて売ったり，売れた商品をお客さんの家まで配達したり，代金を回収したり，従業員に給料を支払ったり，電話代を支払ったり，いろいろな活動をします。企業が活動しますと，企業の財産に変化が生じます。

　たとえば，商品を仕入れるときは商品の代金を払いますし，商品が売れれば代金を受け取ります。そうした**企業活動によって生じる財産の変化を，簿記というシステムが記録する**のです。

　簿記によって記録された財産の変動は，月末とか年末に，データを整理して，財産自体の計算書（**貸借対照表**）と財産の変化を計算した表（**損益計算書**）を作成します。

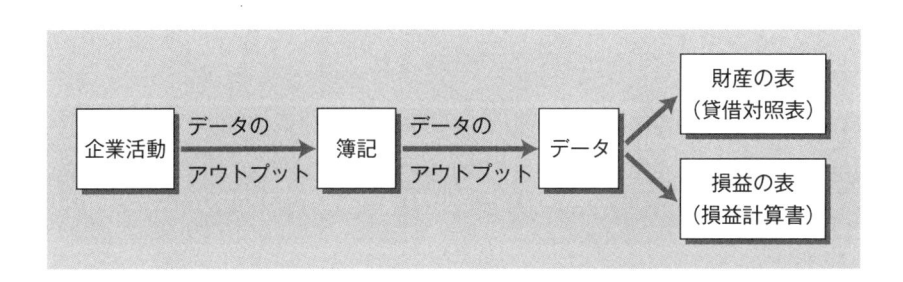

　財産自体の計算をした表のことを**貸借対照表**といいます。財産がどれだけ変化したかを計算した表を**損益計算書**といいます。これらの表については後で説明します。

　これからわかるように，簿記は，貸借対照表と損益計算書を作るためのテクニックなのです。

🔑 KEYWORD	
損益計算書	期間中にどれだけの利益を上げたかを計算した損益一覧表です。
貸借対照表	ある期間の終わりにどれだけの財産があるかを示した一覧表です。

6　簿記を覚えると何ができるようになるか

　簿記をマスターすると，いろいろなことができます。たとえば，自分で店を経営している人なら，自分で帳簿がつけられるようになります。簡単な**決算**なら自分でできるようになるでしょう。

　毎年，3月の**確定申告**で頭を痛めている自営業の人も多いことと思いますが，税金の計算に必要な帳簿をつけたり，申告書を書いたりすることが苦痛でなくなるでしょう。

　貸借対照表とか損益計算書といった**財務諸表（決算書）**が読めるようになります。財務諸表が手に入れば，その企業の経営の指針が読めるようになり，投資の指針として使うことができるようになるでしょう。

　簿記は，経理はもちろん，経営や財務（資金の調達・返済）など，企業のあらゆるシーンで使われるもっとも基礎的な技法です。ただし，少しだけ専門的なことを知っていないと，簿記の話についてゆけません。そこで，つぎのCHAPTERで，簿記のアウトラインを紹介しましょう。

CHAPTER 4
簿記と会計はどのようにつながっているか

1 貸借対照表と財政状態
2 損益計算書と経営成績
3 貸借対照表と損益計算書の関係
4 簿記の締めくくり－決算

簿記というシステムは，企業活動に伴って生じる経済価値とその変動のデータを基にして，**貸借対照表**と**損益計算書**という2つの**決算書**を作るものです。**経済価値**というと難しい表現ですが，**お金や財産**のことです。お金や財産がいくらあるか，いくら使ったか，いくら増えたかといったデータを材料にして，これを集計して，貸借対照表と損益計算書という2つの**決算書**を作るのです。

では，どうやってデータを集め，どういう作業をして決算書を作るのでしょうか。**貸借対照表**から説明しましょう。なお，貸借対照表のことを英語で，Balance Sheet ということから，**バランス・シート**，あるいは，英語の頭文字を取って，**ビー・エス**という呼び方も一般化しています。書くときは，B/Sと書きます。

1 貸借対照表と財政状態

貸借対照表は，期末における資産，負債および純資産の有り高を記載することによって，企業の**財政状態**（財務状態）を示す決算書です。

最初に，この計算書に記載する資産，負債および純資産について説明します。会計や簿記で使う用語のほとんどは日常語としても使われますが，少し意味が違うことが多いので，ちょっと注意が必要です。

資産には何があるか

(1) 現金，預金，土地，建物などの財貨（「もの」と「お金」）
(2) 商品を売ってまだ代金を受け取っていない場合の**支払請求権**（これを**売掛金**といいます）
(3) 他人にお金を貸している場合の**返済請求権**（これを**貸付金**といいます）

CHAPTER 4　簿記と会計はどのようにつながっているか

簡単にいいますと，**資産**とは，「もの」と「お金」と「請求権」です。

負債は，商品を仕入れてまだ代金を払っていない場合の**支払義務**（これを**買掛金**といいます）やお金を借りていてまだ返していない場合の**返済義務**（これを**借入金**といいます）などの債務をいいます。

資産の内容	負債の内容
もの――商品，備品，建物	支払義務――買掛金
お金――現金	返済義務――借入金
請求権――売掛金，貸付金	

✂ KEYWORD

売　掛　金	ウリカケキン。商品を掛け（後払いの約束）で売って，まだ代金をもらっていない場合の請求権をいいます。
買　掛　金	カイカケキン。売掛金の逆で，商品を掛けで買って，まだ代金を支払っていない場合の支払義務をいいます。
貸　付　金	カシツケキン。お金を貸して，まだ返してもらっていないときの，返済請求権をいいます。
借　入　金	カリイレキン。貸付金の逆で，お金を借りて，まだ返していない場合の，返済義務をいいます。

　会計の専門用語は，ほとんどが「訓読み」です。要は，古くさく読めばいいのです。「音読み」のほうがカッコイイかもしれませんが，それでは会計に関して無知だと思われてしまいます。

▶純資産は計算上の数値

　今，借入金などの負債を返済しますと，現金などの資産が減少します。企業がすべての負債を返済したとしても，何らかの資産が残るとすれば，それは企業のオーナー（株式会社なら株主）のものです。**負債を全部返しても残ると計算される，その計算上の残高を純資産**と呼びます。この意味での純資産は，借金を返しても手元に残る具体的な資産（現金とか建物）ということではなく，現在の**資産の合計から負債の合計を差し引いた差額**という意味に過ぎません。

$$資産 － 負債 ＝ 純資産……（1式）$$

この1式の負債を右辺に移項しますと，つぎのような等式になります。

$$資産 ＝ 負債 ＋ 純資産……（2式）$$

貸借対照表は，この（2式）を，そのまま表にしたものです。

（借方）	貸借対照表	（貸方）
資　産		負　債
		純資産 （資本金）

（注）　貸借対照表の左肩と右肩に，「借方」と「貸方」と書いてあります。これは，「借りる」とか「貸す」という意味ではなく，「借方＝左側」「貸方＝右側」という意味です。簿記や会計で，借方（あるいは単に「借」）とか貸方（単に「貸」）といったり書いたりする場合は，すべて右左の意味です。

CHAPTER 4　簿記と会計はどのようにつながっているか

　たとえば，平成○年1月1日現在における横浜商店の資産，負債を調べたらつぎのようであったとします。

```
現    金  ¥  200,000      銀 行 預 金  ¥  500,000
土    地  ¥  800,000      建    物  ¥1,600,000
借 入 金  ¥  700,000
```

　これらを資産と負債に分類して，両者の差額としての純資産（個人商店の場合は「資本金」と表示します）を計算し，貸借対照表を作ってみます。

貸 借 対 照 表

横浜商店　　　　　　　平成○年1月1日　　　　　　（単位：円）

資　　産	金　　額	負債および純資産	金　　額
現　　　　金	200,000	借　入　金	700,000
銀 行 預 金	500,000	資　本　金	2,400,000
土　　　　地	800,000		
建　　　　物	1,600,000		
	3,100,000		3,100,000

（注）　できあがった貸借対照表をよく見てください。金額には，¥のマークがついていません。簿記や会計では，金額を書くときには¥マークをつけないのです。
　　　もう1つ，金額に，（，：カンマ）がついています。これは，下桁から3桁目ごとにつけます。右から見て最初のカンマは，千の位で，2つ目は100万の位，3つ目は10億です。英米では，3桁ごとに位取りが上がりますので，大きな数字を読みやすくするために，3桁ごとにつけるのです。英語で千は，サウザンド（thousand），100万はミリオン（million），10億はビリオン（billion）です。カンマが打ってあれば，数字はすぐ読めるのです。
　　　日本では，万，億，兆と，4桁ごとに位取りが上がるので，4桁ごとにカンマを打てばすぐに読めますが，3桁ごとにカンマを打たれても読めません。数字の表記にも国際標準（英米式）を使っているのですが，不便なだけですね。

▶事業を継続するゴーイング・コンサーン

　企業活動はいつ終わるともなく，継続して行われます。こうして**継続的に営まれる経営**を，**継続企業**または**ゴーイング・コンサーン**といいます。

　ゴーイング・コンサーンでは，企業活動に切れ目がありませんから，経営がうまくいっているかどうか，今資産がいくらあるかなどを知るために，一定の時間的な区切りをつけて，**経営成績**や**財政状態**を調べる必要があります。

　この時間的な区切りを，**会計期間**または**会計年度**といいます。多くの企業は，4月1日から9月末までと，10月1日から翌年の3月末までの2つの会計期間を使っています。4月に始まる期間を**上期**(かみき)，10月に始まる期間を**下期**(しもき)といいます。期の始まりの日を**期首**，終わりの日を**期末**といいます。

　上期も下期も，その期の終わり（期末）に**決算**（詳しいことは後で書きます）という作業を行います。そのために，各期の期末を**決算日**といいます。

▶中間決算と期末決算

　このように決算は年に2回行いますが，上期の決算は**中間決算**といって経営の途中経過を報告するもので，下期に行われる**年度決算（期末決算）**が1年間の総決算を行うものです。

▶四半期報告

　証券取引所に上場しているような大きな会社は，3か月ごとに，**企業集団の損益計算書と貸借対照表**を公表します。これを**四半期報告**といいます。

　経営を続けていますと，企業の資産や負債が増減し，またその構成が変化します。たとえば，商品を仕入れて販売したり，銀行からお金を借りたり，従業員に給料を支払ったり，あらゆる企業活動は資産や負債の変動を伴います。企

業活動の結果によっては，資産や負債の増減だけではなく，その両者の差額である純資産が増減することもあります。

67頁の，横浜商店の例をみてみます。1月1日の貸借対照表では，資本金は¥2,400,000でした。その後，営業を続け，期末（12月31日）になって資産と負債を調べたところ，つぎのようになっていたとします。

現　　　金	¥ 100,000	商　　　品	¥ 200,000
銀 行 預 金	¥ 300,000	土　　　地	¥ 800,000
建　　　物	¥1,600,000	借 入 金	¥ 500,000

資産の合計はいくらでしょうか。借入金以外はすべて資産ですから，その合計は，¥3,000,000です。これから負債（借入金¥500,000）を差し引きますと，純資産は¥2,500,000となります。

期首の純資産は¥2,400,000でしたから，この1年間で¥100,000だけ純資産が増加したことがわかります。期首の純資産よりも期末の純資産が大きくなった場合，その差額を**純利益**または**当期純利益**といい，逆に小さくなっていればその差額を**純損失**または**当期純損失**といいます。純利益と純損失をまとめて「**純損益**」ともいいます。

> 期末資本－期首資本＝当期純利益（マイナスなら当期純損失）

期末に貸借対照表を作るときには，この純利益または純損失を，期首の純資産と区別して表示します。

貸 借 対 照 表

横浜商店　　　　　平成○年12月31日　　　　（単位：円）

資　　産	金　額	負債および純資産	金　額
現　　　　金	100,000	借　入　金	500,000
銀 行 預 金	300,000	資　本　金	2,400,000
商　　　　品	200,000	当 期 純 利 益	100,000
土　　　　地	800,000		
建　　　　物	1,600,000		
	3,000,000		3,000,000

2　損益計算書と経営成績

　以上の話からは，横浜商店が1年間で¥100,000の利益を上げたということはわかるのですが，この純利益をどのような企業活動によって手に入れたのかということまではわかりません。そこで，純利益の額を知るだけではなく，**純利益の発生原因**なり**発生のプロセス**を明らかにする必要があります。

　上では，資産から負債を差し引いて純資産を計算し，期首と期末の純資産を比較して純利益を出しましたが，当期純利益は収益と費用を比べても計算できます。

$$収益 － 費用 ＝ 当期純利益$$

CHAPTER 4　簿記と会計はどのようにつながっているか

　ここで**収益**とは，企業の営業活動によって資本を増加させる要因であり，たとえば，**商品売買益**，**受取利息**，**受取手数料**などをいいます。また**費用**は，企業の営業活動によって資本を減少させる要因で，たとえば，**給料**，**旅費**，**支払利息**などをいいます。

　今，横浜商店の今年の収益と費用がつぎの通りであったとします。

（収　益）	商品売買益	¥ 230,000	受取利息	¥ 30,000
（費　用）	給　　料	¥ 80,000	通 信 費	¥ 20,000
	支 払 利 息	¥ 60,000		

　収益の合計（¥260,000）から費用の合計（¥160,000）を差し引くと，当期純利益（¥100,000）が計算できます。この金額は，貸借対照表で計算した額と一致します。

　収益と費用は，当期純損益（純利益か純損失）を発生させる要因ですから，これらを一覧表示すれば，企業活動の状況（**経営成績**）がよく把握できます。貸借対照表（バランス・シート）と同じように，1枚の紙の上に収益と費用を分けて記載し，当期純損益を示した表を，**損益計算書**といいます。英語で，Profit and Loss Statement と表記することから，頭文字を取って，**ピー・エル**とも呼んでいます。書くときは，P/Lと書きます。横浜商店のピー・エルを作ってみます。

損 益 計 算 書

横浜商店　　平成○年1月1日から
　　　　　　平成○年12月31日まで　　　　（単位：円）

費　　　用	金　　額	収　　　益	金　　額
給　　　料	80,000	商 品 売 買 益	230,000
通　信　費	20,000	受 取 利 息	30,000
支 払 利 息	60,000		
当 期 純 利 益	100,000		
	260,000		260,000

3　貸借対照表と損益計算書の関係

　当期純利益は，貸借対照表からみますと，1年間における**純資産の増加分**です。損益計算書からみますと，純資産の増加と減少の原因となる**収益と費用の差額**です。

　ですから，当期純利益の額は，つぎの式が示すように，資産の側からでも収益と費用の側からでも，どちらからでも計算できます。

期末純資産 － 期首純資産 ＝ 当期純利益……………(1)

収益 － 費用 ＝ 当期純利益………………………………(2)

---

　(1)式の，期首純資産と期末純資産は，つぎのようにして求めました。

> 期首資産 － 期首負債 ＝ 期首純資産……………………(3)
>
> 期末資産 － 期末負債 ＝ 期末純資産……………………(4)

この(1)式に，この(4)式の左辺を代入しますと，

> （期末資産 － 期末負債）－ 期首純資産 ＝ 当期純利益

となり，これを変形すると，つぎのようになります。

> 期末資産 ＝ 期末負債 ＋ 期首純資産 ＋ 当期純利益……(5)

この(5)式をよくみてください。(5)式からわかることは，期末の資産が，期末の負債と，期首からあった純資産と，その期の当期純利益の合計に等しいということです。この(5)式を，一覧表にしたのが，70頁に示した**期末貸借対照表**です。

以上のことから，貸借対照表と損益計算書は，つぎのような関係になっていることがわかると思います。

貸借対照表		損益計算書	
期末資産	期末負債	費　　用	収　　益
	期首純資産（資本金）		
	当期純利益 ⬅一致➡ 当期純利益		

ところで,よくみると,貸借対照表では当期純利益が右側に出ていますが,損益計算書では左側に出ています。どうして2つの計算書で反対側に出るのでしょうか。そうしたことが疑問になったら,ぜひ,簿記の本を読んでみてください。こんなところに,簿記の秘密があるのです。

▶借方は左,貸方は右

なお,上で述べましたように,簿記や会計では,左側のことを「借方」,右側のことを「貸方」と呼びます。昔は,貸すとか借りるという意味もあったのですが,今では,単に「借方＝左側」,「貸方＝右側」という意味です。

🔑 KEYWORD

会計や簿記では,**借方・貸方**という用語を使います。しかし,「借りる」とか「貸す」という意味は今はありません。

借方＝仕訳や帳簿の左側のこと。B/Sなら資産,P/Lなら費用を表す。

貸方＝仕訳や帳簿の右側のこと。B/Sなら負債と純資産,P/Lなら収益を表します。

ゴーイング・コンサーン	**継続企業**ともいいます。企業は,普通,将来にわたって事業を続けることを前提として活動しています。こうした前提に立って経営する事業をいいます。
経 営 成 績	一定期間(半年とか1年)における事業の成果(普通は,利益として計算される)をいいます。
財 政 状 態	一定時点(期末)における企業の資産・負債の状態をいいます。**財務状態**といったほうがわかりやすいかもしれません。

4　簿記の締めくくり－決算

　簿記の仕事は，2つあります。1つは，日々の企業活動を正しく把握して，**資産，負債，純資産の増減と変化，収益，費用の発生を継続的に帳簿に記録する**ことです。

　帳簿に記録するには，企業活動が金額的に測定できなければなりません。お金を払ったり受け取ったりすれば，資産が増減したということも金額もわかります。しかし，従業員を雇い入れた（まだ給料は払っていない）とか備品の見積りを取った（まだ買うかどうか決めていない）といった場合には，資産や負債が増減したわけでもなく，収益や費用も発生していません。

　簿記では，資産・負債・純資産・収益・費用のいずれかが変化して，かつその金額がわかる場合は帳簿に記録しますが，それ以外のときは帳簿には記録しません。こうした**帳簿に記録されることがら**を「**取引**」と呼びます。

▶簿記や会計でいう「取引」
　日常の会話では，誰かと誰かが商品を売り買いすることや，土地や建物を賃貸借することなどを「取引」といいますが，簿記や会計では少し違った意味で使います。

　簿記や会計では，何が原因であれ，**資産・負債・純資産・収益・費用に変化をもたらすこと**であれば，すべて取引と呼びます。そうした変化の生じないことは取引には含めません。

75

▶泥棒に入られても「取引」

　たとえば，**店に泥棒が入って金庫の中に入っていたお金を盗まれた**としましょう。日常の会話では，「泥棒と取引した」とはいいませんが，簿記では，現金という資産が減少したので，「取引」と考えて，帳簿に記録します。

　不幸にして**倉庫を火事でなくした**とします。この場合も，日常会話では「取引」とはいいませんが，簿記では倉庫という資産を失ったのですから「取引」と考えて，帳簿に記録します。

▶土地を借りても「取引」にならない

　土地や建物を借りる契約をしたとか**従業員と雇用契約を結んだ**というようなことは，日常会話では取引に入りますが，簿記や会計では取引とはいいません。なぜなら，資産・負債・純資産・収益・費用に変化をもたらさないからです。

　もちろん，こうした契約でも，土地の賃貸料を受け取ったとか従業員に給料を払ったという場合には，資産の増減をもたらしますから，取引になります。

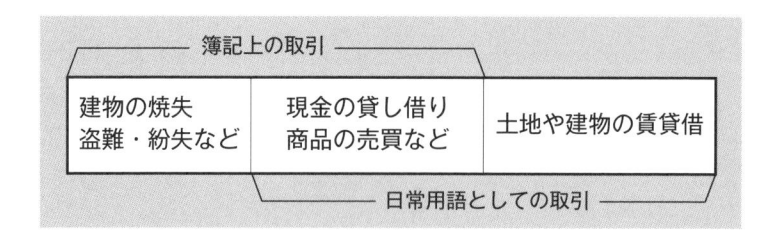

簿記上の取引		
建物の焼失 盗難・紛失など	現金の貸し借り 商品の売買など	土地や建物の賃貸借
	日常用語としての取引	

　普段は何気なく使っている「取引」という言葉ですが，簿記や会計では，上に述べたような特殊な意味で使います。どうですか，このことを知っただけでも，どこか会計がわかりかけてきたような気がしませんか。

CHAPTER 5

決算書はどうやって作るのか

1 決算書(財務諸表)の役割は何か
2 決算書を作るルールには何があるか
3 会社法会計の目的－なぜ,債権者を保護するのか
4 会社法のディスクロージャー規定
5 金融商品取引法会計の目的－なぜ,投資者を保護するのか
6 金融商品取引法のディスクロージャー規定
7 財務諸表等規則
8 税法会計の目的－法人所得への課税のあり方

1 決算書（財務諸表）の役割は何か

　似たような会計用語に，「**財務諸表**」「**計算書類**」「**決算書**」などがあります。企業が，1年間（または半年や3か月）の活動の成果と期末の財政状態（財務状態）を株主や債権者に報告するときに作成する書類を指しますが，**会計では財務諸表**といい，**会社法では計算書類**といいます。「決算書」というのは，財務諸表や計算書類を指す用語として一般に使われますが，専門用語としては使われません。「決算に関して作成される書類」程度の意味で，ハウツーものや雑誌の記事などで使われる用語です。

　こうした財務諸表（計算書類）は，大きく分けて，2つの役割があります。1つは，**当該期間に稼いだ利益を計算して，株主に分配できる金額を明らかにすること**です。もちろん，前期までに損失が累積していれば，当期に稼いだ利益を全部配当することはできませんが，当期の財務諸表は，当期における経営活動から配当財源をどれだけ増加させることができたかを明らかにします。これを「**分配可能利益算定機能**」といいます。

　もう1つの役割は，現在の株主や将来の株主（これからこの会社の株を買おうと考えている投資家）に対して，**会社の経営成績や財務状態を適切に伝えること**です。これを，「**投資意思決定情報提供機能**」といいます。

　今日の会計は「分配可能利益の計算」と「投資意思決定情報の提供」という，2つの役割を担っているといわれています。分配可能利益の計算は主として**個別財務諸表**（親会社の財務諸表のこと。単体ともいう）で行い，意思決定情報は主に**連結財務諸表**を通して提供されています。

KEYWORD

個別財務諸表	会社法上の個々の会社が作成する財務諸表です。会社法上は，親会社も子会社も，それぞれ自社の財務諸表を作成します。これを「**単体**」ともいいます。
連結財務諸表	会社は，一般に単独ではなく企業集団で事業を展開します。親会社と子会社，孫会社が，それぞれ，製品を作る製造会社（親会社），それを販売する販売会社（子会社），販売した製品のメンテナンスや修理を担当する会社（孫会社）として事業を展開するようなケースです。こうした場合に，企業集団を１つの経済体であると見て損益計算書や貸借対照表を作ることがあります。これを**連結**または**連結財務諸表**と呼びます。

2　決算書を作るルールには何があるか

　今日の大企業は，ほとんどが**株式会社**の形態を取っています。株式会社の所有者（オーナー）は**株主**ですが，他にも，債権者，取引先，従業員，消費者，課税当局など，たくさんの**利害関係者**がいます。

　さらには，これからこの会社と取引を始めようとしている者（会社の商品を買う「得意先」や会社に商品を売る取引先など），この会社の株や社債を買おうとしている「将来の投資家」もいます。これらの利害関係者は，会社の**経営成績**や**財政状態**（財務状態）に強い関心を持っています。

したがって，各会社は，こうした利害関係者のすべてを納得させるような，**公正かつ適正な会計処理・報告**をする必要があります。わが国では，**会社法**，**金融商品取引法**などが，こうした利害関係者の要望に応えて，決算期ごとに**決算書（財務諸表）**を公表することを義務づけています。

　しかし，もし，開示された財務諸表が虚偽の内容を含んでいたり，不適切な判断の下に作成されたものであったなら，その財務諸表は**真実な経営成績・真実な財務状態（財政状態）**を示さないでしょう。

▶会計のルール
　そこで，どうすれば真実な経営成績や財務状態を示すことができるか，公正で適正な会計処理をするにはどうすればよいか，などを明らかにした基準（会計のルール）を決める必要が生じるのです。こうして決められたのが，**会社法の計算規定（会社計算規則）**，**財務諸表等規則**，**企業会計原則**，**企業会計基準**などの会計ルールです。

　会社法や金融商品取引法は法律ですから，適用される企業はこれらを守らなければなりません。それに対して，企業会計原則や企業会計基準は法律ではありません。しかし，企業会計原則の前文には，つぎのように書かれています。

> ## 企業会計原則　前文
>
> 「企業会計原則は，企業会計の実務の中に慣習として発達したもののなかから，一般に公正妥当と認められたところを要約したものであって，必ずしも法令によって強制されないでも，すべての企業がその会計を処理するに当って従わなければならない基準である。」

▶一般に公正妥当と認められた会計基準

「一般に公正妥当と認められる会計基準」を，英語では generally accepted accounting principles といい，頭文字をとって，**GAAP**（ギャップ）と呼んでいます。アメリカの会計基準なら**US-GAAP**，イギリスの基準なら**UK-GAAP**といいます。英米は，コモンローの国ですから，法令以外の，実務界の慣行や業界の取決めなどにも一定の拘束力を認めています。

▶会計基準は誰が決めるのか

わが国の会計基準を設定するのは，**企業会計基準委員会**です。英語表記が Accounting Standards Board of Japan ということから**ASBJ**と略称されています。ASBJは，2001年に設立された財団法人・財務会計基準機構の中の独立機関として設けられたもので，わが国の会計基準を開発・設定する役割を担った民間の委員会です。それ以前は，官の「**企業会計審議会**」（金融庁長官の諮問機関。かつては，大蔵省に設置されていました）が会計基準の開発・設定を担当していました。

ASBJは民間の組織であり，企業会計審議会は大蔵大臣・金融庁長官の諮問機関（諮問を受けて答申する機関）ですから，いずれも法的な拘束力を持った会計基準を設定することはできません。そのために審議会が取りまとめた会計基準は，**財務諸表等規則**（財規と略称）という大蔵省令・内閣府令に盛り込むという方法で，また，ASBJが取りまとめる基準は，金融庁が総務企画局長の名前で「一般に公正妥当と認められる企業会計の基準として取り扱うものとする」という通達を出すことで，法的な効力が付与されてきました。

現在は，ASBJが日本の会計基準を開発・設定する主体ですが，金融庁の企業会計審議会も存続しています。2つの組織は，現在，ASBJが具体的な個々の会計基準を設定する役割を担い，審議会は，内部統制，監査の基準と，国際的な対応を審議する役割を担っています。

なお，2001年までに企業会計審議会が公表した会計基準は，原則として，現在も有効です。ただし，ASBJが公表する基準がある場合には，ASBJの基準が「優先して適用」されることになっています。

以下，こうした会計ルールの目的や適用対象について，少し詳しい話をします。

	🔑 KEYWORD
債 権 者	会社などに対して債権を持っている者をいいます。会計では，会社に対して**支払請求権**（売掛金，貸付金）を持っている者という意味です。
利害関係者	株主，債権者，取引先，従業員，消費者，課税当局など，会社に対して利害を持つ者を総称していいます。
課 税 当 局	会社などに対する税金を確定し，徴収する機関です。国税庁やその地方出先機関である税務署をいいます。

3 会社法会計の目的－なぜ，債権者を保護するのか

わが国には，個人と法人（会社）を含めた事業所が580万ほどあります。そのうち，法人（会社）が280万社，ほどあります（法務省統計局調査および財務省法人企業統計調査による）。**会社法**の制定により，**有限会社**の制度はなくなり，これまでの有限会社は，一定の手続きをとれば，**株式会社**になることができるようになりました。

82

CHAPTER 5　決算書はどうやって作るのか

　資本金を基準としてみますと，法人280万社のうち1億円未満の株式会社が277万社もありますから，日本の企業は，ほとんどが中小企業だということになります。資本金が1億円を超える会社は約3.4万社，そのうち，**証券取引所に上場している大企業**は3,550社です（店頭市場であるJASDAQ（ジャスダック）やマザーズ，札幌アンビシャス，名古屋セントレックスに上場している会社を含む。2013年3月31日現在）。

　会社組織ではない企業もたくさんあります。生活協同組合（生協）や農業共同組合（農協）のような組合組織，個人が営む事業もあります。

▶**資金の運用状況と運用効率**

　どのような**企業形態**をとっても，資金を使って事業を営む以上は，**資金の運用状況**や**資金の運用効率**を知る必要があります。会計の用語を使っていいますと，「経営成績」と「財政状態」です。

▶**会計情報はどうやって入手するか**

　個人で事業を営んでいる場合や，自分が会社の経営者である場合は，会計情報を入手するのには特別の問題はありません。**内部統制組織**を確立して，下部組織から必要な情報を適時に入手するように工夫すればよいのです。

　ところが，自分が大きな会社の株主や債権者であったり，これから会社の株式や社債を買おうとしている場合には，会社の情報を手に入れる道は，かなり狭いのです。

　株式会社の場合，株式を発行して，一般の投資大衆から小口の資金を集めて大口の資本とし，大規模な事業を展開することが可能です。そうした会社の場合には，**経営に直接に関与しない株主**（**不在株主**といいます）がたくさんいます。この人たちは，自分が出資した資金がどのように運用され，どのような成果が

83

上がり,その結果,どれだけの配当がもらえるかを知る権利があります。そうした情報が公開されることを前提として,投資活動が行われているといった方がよいのかもしれません。

多数の経営に直接タッチしない投資家から資金を集め,それを元手として事業を行う経営者の立場からは,預託された資金を,どのように活用し,それからどれだけの成果を上げたかを,**資金提供者に継続的に報告する義務**があります。

▶資金提供者への報告＝会計報告

こうして**資金の提供者に対して直接的に会計情報の伝達を行う**ことを「**会計報告**」といいます。また,将来,新株や社債を発行して新たな資金を集めるときのために,**潜在的な資金提供者（将来の投資家）**に対しても,企業の活動状況を知らせておく必要があります。

CHAPTER 5 決算書はどうやって作るのか

	✂ **KEYWORD**
株主と債権者	会社の資金を提供しているのは，**株主**と**債権者**です。株主は，会社の資本を提供し，その見返りとして「**配当**」を受け取ります。株主の権利は「**株券**」という有価証券に付随していて，株券を他人に売れば株主の権利も移転します。 債権者は，会社に資金を貸している人をいいます。銀行や保険会社などです。会社に売掛金や貸付金を持っている場合も債権者です。債権者のうち，直接に資金を貸している場合は，（配当ではなく）**利息**を受け取ります。
利害関係者	会社に，何らかの利害関係を持った人たちをいいます。株主，債権者のほかに，**課税当局**，**労働組合**，**消費者**などを含めることもあります。

　こうした，資金の提供者（現在および将来の投資家）と**資金運用を受託する経営者**との間で行われる**情報の一般的な公開**を，**企業内容の開示**とか，**ディスクロージャー**といいます。ディスクロージャーについては，後で詳しく述べることにします。

　株式会社の所有者（出資者）は株主です。ただし，株式会社には，銀行や保険会社のように貸付金の形で資金を提供したり，取引先のように売掛金などの債権を持ったりする人もいます。こうした立場の人たちを**債権者**といいます。また，上にも書きましたように，株主や債権者などをまとめて，**利害関係者**ということもあります。

▶会社法は債権者保護の考え

　会社法には，かなり詳しい会計規定が盛り込まれています。会社法に盛り込まれている会計規制は，「**債権者保護**」を目的としているといわれています。会社法は，誰から，何の目的で債権者を保護しようとするのでしょうか。

　株式会社の場合，**株主総会**を最高位の意思決定機関としており，債権者が意思決定に参加することはありません。したがって，場合によっては，株主総会が，債権者にとって不都合な決定をすることも考えられます。

　たとえば，儲けてもいないのに利益を計上（架空利益の計上）して配当したり，繰延資産（詳しくは後で述べます）を無条件に計上（資産の水増し・費用の非計上）したり，固定資産の減価償却をしなかったり（これも資産の水増し・費用の非計上になる）すれば，会社の資産が貸借対照表に記載される金額より少なくなります。これでは債権者は，貸借対照表を信用して資金を貸すことはできませんし，あるいは，貸したお金の**担保（返済財源）**が貸借対照表に記載されている資産よりも少なくなってしまうでしょう。

　その会社には多額の純資産があるから安心だと考えて資金を貸したところ，株主が勝手に利益を水増ししたり費用を計上しなかったりすれば，債権者の債権に対する担保（会社が負債を支払う財源）が減少してしまうのです。

　そこで会社法では，株主の自分勝手な意思決定から**債権者の利益（債権）**を守るために，資産の評価方法や負債の金額決定方法，繰延資産に関するルール，減価償却の方法などを規定しているのです。

　会社法の会計規定は，債権者（の権利）保護を基本的な目的としているといわれています。しかし，その規定を細かく見てみますと，会社の健全経営とか永続的経営，すなわち，**会社が財務（資金繰りや財産保全）と経理（損益計算）**

の両面で健全性を維持することを求める規定も少なくありません。そういう面を考えますと，今日の会社法は，債権者保護にとどまらず，会社に対して健全な経営と経理を求めることが目的となっているようです。

🔑 KEYWORD	
架空利益	実際の利益ではなく，会計数値をごまかして捻出された利益をいいます。これに課税されたり，これから配当を行いますと，企業の財産が不当に減少することになります。
資産の水増し	実際に存在しない資産をバランスシートに書いたり，実際の金額よりも多く記載することをいいます。
上場（じょうじょう）	証券取引所において，会社が発行する株式・社債を売買するようになることをいいます。株式などを上場した会社を**上場会社**といいます。
不在株主	株主は会社のオーナーですが大規模会社の場合，大多数の株主は経営には直接タッチしません。そうした株主をいいます。

4　会社法の開示（ディスクロージャー）規定

　株式会社の場合，その規模の大小に関係なく，**会社法の開示（ディスクロージャー）規定**が適用されます。分かりやすく言いますと，「情報公開」です。たとえば，株式会社は，決算期ごとの**計算書類**（財務諸表とほぼ同じ）を，本店に5年間，支店に3年間備え置いて，**株主と債権者の閲覧**に供さなければなりません（会社法442条1，2，3）。

▶帳簿閲覧権

　また，定時株主総会の招集通知には，取締役会の承認を受けた計算書類と会計監査報告を添付しなければなりません（会社法437条）。さらに，発行済株式または議決権の100分の3以上を所有する株主には，**会社の会計帳簿などを閲覧する権利**が与えられています（433条1）。

　これらの開示制度は，株主，債権者（たとえば，その会社の社債を購入した人，銀行・保険会社などの貸付金がある者，売掛金や受取手形を持っている取引先など）を対象としたものです。会社法では，株主でも債権者でもない人たちに，計算書類を閲覧する権利を与えてはいません。

　すでに会社との間に利害関係が生じている人たちには，このように**会計情報を受け取る権利**があるのですが，これからこの会社と取引を始めようとしたり，この会社の株式や社債を買おうとしたりする人たちは，その会社の会計情報を入手する道はかなり狭いのです。

▶決算公告制度

　そこで，会社法では，会社に対して，**貸借対照表またはその要旨を「公告」**（「広告」ではありません）することを要求しています（440条1，2）。**大規模会社の場合は，損益計算書またはその要旨も公告**しなければなりません。ただし，「有価証券報告書」を内閣総理大臣（窓口は全国各地の財務局）に提出している会社の場合は，「公告」しなくてもよいことになっています。「有価証券報告書」には，決算公告よりもはるかに詳しい会計情報が記載されており，金融庁のホームページから誰でもこの情報を入手することができるからです。

上場している会社などの場合には，インターネットで「EDINET」「エディネット」と入力しますと，金融庁のHPの必要なところに入っていけます。一度，自分の会社か関心のある会社にアクセスしてみて下さい。

会社法によるディスクロージャー

すべての株式会社
- 計算書類等を本支店に備え置く
  ⇒株主・債権者の閲覧に供す（会社法442条1,2,3）
- 貸借対照表またはその要旨を「公告」
  （または「電子公告」）（会社法440条1,2）

電子公告による場合は省略せずに公告し，
官報または日刊新聞紙において公告する場合は要旨でよい。

大会社
- （上記に加え）損益計算書またはその要旨も「公告」
  （会社法440条1,2）

「有価証券報告書」を提出する会社は，P/LとB/Sの公告は免除される。

なお，会社法では，株式会社の会計についておおまかな規定しか設けず，細かな規定は「**会社計算規則**」という省令に委ねられています。この規則は，すべての株式会社に適用されます。

つぎに，**金融商品取引法**の会計目的について話をします。

	KEYWORD
決算公告	官報や日本経済新聞のような**全国紙に有料の記事を掲載**するか，会社のホームページ上で決算書の概要を公開すること。毎年，6月末になると，官報や日本経済新聞などに「決算公告特集」が掲載されますが，最近では各社が自社のホームページで公開するようになってきました。
有価証券報告書	証券取引所に上場しているような大規模会社の場合，事業年度や四半期ごとに，総理大臣（実際には，全国にある財務局）に所定の報告書を提出します。会社の営業や経理の状況など，企業内容を開示する書類のことです。「有報」と略称されます。

5 金融商品取引法会計の目的－なぜ，投資者を保護するのか

　金融商品取引法は，**証券市場の健全な育成・運営と投資意思決定に必要な情報が提供されるために必要な制度**を定めたものです。「金商法」と略して呼ばれることがあります。

　会社法が「債権者保護」を目的としているのに対して，**金融商品取引法は，より広く，「投資者保護」を目的としています**。会社法には債権者保護という目的は明示されていませんが，金融商品取引法には，その第1条に「この法律は，国民経済の適切な運営及び投資者の保護に資するため…」と，その目的が明示されています。

CHAPTER 5　決算書はどうやって作るのか

▶**大規模会社への適用**

　金融商品取引法の会計規定が適用されるのは，**証券取引所に上場している会社**など，ほぼ大規模会社です。日本には，上場会社が3,600社ほどあります（83頁参照）。そうした会社の株式は証券取引所を通して誰でも取得できますから，「**公開会社**」と呼ばれています。

　大規模会社の場合，巨額の資金を必要とすることから，株式（株券，すなわち，会社の所有権を示す有価証券）を多数の一般投資者に販売して資金を集めます。

　こうして株主となった者は，多くの場合，全国・全世界に散らばっていたり，1人あたりの投資の額が小さかったり，経営そのものには関心がない人たちです。彼らは，通常，会社の経営には参加せず，**株主としての権利と利益**（議決権とか利益配当請求権）だけを求めるのです。すでに述べましたように，こうした経営にタッチしない株主を「**不在株主**」といいます。

▶**投資意思決定に必要な情報**

　ところで，今，皆さんが宝くじに当たったとか，おじいちゃんかおばあちゃんから遺産を相続したとかで大きな資金を手に入れたとしましょう。その資金を，どこかの会社に投資（株式を購入）したいと考えているとしたら，どのような情報があれば，投資先を選定できるでしょうか。

　株式投資には，会計情報に限ってみましても，その会社の**収益性・安全性・生産性・将来性**など，多面的な情報を必要とします。そうした情報が提供されない限り，安心して投資先を決められないのです。

　最近のように企業活動における規制が大幅に緩和されますと，企業活動に関する情報の公開を強化しなければ，適切な意思決定ができなくなります。規制緩和の時代に会計規制が強化されるのは，このためです。こうした工夫をして，

安心して証券投資ができるようにしようというのです。

6　金融商品取引法の開示(ディスクロージャー)規定

▶開　示　法

　この法律は，会社に対して，投資者の意思決定に必要な情報を十分に提供させることを目的としています。そのために，「**開示法（ディスクロージャー法）**」として定められています。「開示」という言葉はあまり日常生活では使われませんが，『広辞苑』では「明らかに示すこと」とされています。「公開」とは「公表」に近い用語です。

金融商品取引法によるディスクロージャー

上場会社等　　　　　　　　　　　　　
　　　　　　　　　　「有価証券報告書」　→内閣総理大臣
総額1億円以上の　　「四半期報告書」　　　　　　　　　　　へ提出⇒一般公開
有価証券を募集ま　　を作成　　　　　　→証 券 取 引 所
たは売り出す会社

「募集」とは新規
に発行する場合で，
「売り出す」とは，
既発行の有価証券
を売ること

　「有価証券報告書」は，自社の株式や社債を証券取引所に上場している場合に，事業年度ごとに，会社とその企業集団に関する経理の状況などを総理大臣に提出（その後，一般公開）する書類である。会社とその企業集団の財務諸表その他，事業の内容に関する重要な事項が記載される。

CHAPTER 5　決算書はどうやって作るのか

▶財務諸表等規則

　金融商品取引法では**会計に関する実質的な規定**（たとえば，利益計算，資産評価，原価配分などの規定）は置かず，**会計情報の公開の仕方**（主に，財務諸表のひな形）**に関する規定**を置くにとどめています。具体的な規定は，金融商品取引法ではなく，その細則にあたる「**財務諸表等規則**（財規と略称されます）」という内閣府令に定められています。

7　財務諸表等規則

　金融商品取引法が適用されるのは，大規模会社です。そうした会社を「**金商法適用会社**」といいます。

　財務諸表等規則は，有価証券報告書に収容される財務諸表の作成方法などを定めたものです。この規則は，大規模な，国民経済に大きな影響を与えるような会社に適用されるため，かなり詳細で，また，この規則の取扱いに関して「**財務諸表等規則ガイドライン**」が定められています。

　会社法にも，株式会社の**財務諸表**（会社法では**計算書類**という）については，その公開の仕方を定めた細則（法務省令）があります。「**会社法施行規則**」と「**会社計算規則**」です。「**財務諸表等規則**」と「**会社法施行規則**」「**会社計算規則**」では，かなり規定の内容が異なります。それはなぜでしょうか。

▶会社法施行規則・会社計算規則の適用対象

　会社法施行規則・会社計算規則は，ソニーやトヨタなどの世界に知られた巨大会社をはじめ，街角の電器屋さん，町はずれの鋳物工場など，株主は少人数であっても，**株式会社の形態を取る企業すべてに適用**されます。

93

そのために，中小規模の会社でも財務諸表を作ることができるように，またそうした会社の株主が財務諸表を理解できるように，比較的簡素な規定にとどめているといわれています。株主に会計の知識があまりなくても，会社のことがある程度わかるように配慮してあるのです。

▶財務諸表等規則の適用対象

それに対して，**財務諸表等規則**は，**証券取引所に上場**しているような大規模会社だけを対象としています。そうした会社には極めて多数の投資者が，全国・全世界に散在しています。現在の株主だけではなく，これからこの会社の株を買おうかと考えている**潜在的な投資者**もいます。投資額も巨額にのぼるでしょう。そのために，財務諸表等規則の規定は，会社法よりも，より細かく，また，ある程度の専門知識があることを前提にして財務諸表が作成されるように規定されているのです。

会社法施行規則・会社計算規則と財務諸表等規則（金融商品取引法）とは，それぞれ，**財務諸表を作成する会社の規模**と，その**財務諸表を読む投資者の会計知識**の違いを考慮して，違った規定を設けているのです。

8　税法会計の目的－法人所得への課税のあり方

▶法　人　税

会社に対して課せられる税のうち，一番重要なのは「**法人税**」です。法人税は，**法人**（会社）**の所得に対して課す税**で，その意味からいいますと法人所得税です。ここでいう「**所得**」は，会計でいう「**利益**」とほぼ同じ意味です。

▶法人税法

　法人税に関する規定は，法人税法に定められています。ただし，法人税法は，会社の所得に関する規定を設けていません。法人税法では，**課税所得**の前提となる**企業所得**を，自らの法の中では規定せず，**会社法上の利益**を使っているのです。

▶確定決算主義

　株式会社の場合には，**定時株主総会**または**取締役会**において**計算書類（決算書）を承認**します。ここで確定した計算書類に書かれている利益額をもって，**法人の企業所得**とします。このことから，法人税法では，**確定決算主義**を採用しているといわれます。

　ただし，株主総会または取締役会で確定した利益額をそのまま課税所得とするのではなく，**税収の確保**とか**課税の公平**，さらには，そのときどきの**産業政策**などの必要から，会計上の利益を一部修正して，これに税を課すことにしています。たとえば，ＩＴ産業を育成する必要があるときは，ＩＴ関連事業の税負担を軽減するといったことが行われます。

CHAPTER 6

会計にはどんな約束があるのか

1 真実性の原則
2 正規の簿記の原則
3 資本取引・損益取引区別の原則
4 明瞭性の原則
5 継続性の原則
6 保守主義の原則
7 単一性の原則

すでに述べましたように、**会社法は「債権者保護」を目的**とし、**金融商品取引法は「投資者保護」を目的**としています。そのために、それぞれの法は、法の目的を達成するのに必要なことだけを規定しています。

そのため、会社法の規定だけで会計（記録、計算、決算）を行うことはできません。企業活動を記録・計算して、決算まで行うにはそのほかにもさまざまなルールが必要です。言い換えますと、会社法や金融商品取引法は、そうしたさまざまなルールが別にあることを前提にして、それぞれの法目的を達成するための規定を補足的・追加的に定めているのです。

▶一般に公正妥当と認められる企業会計の慣行

たとえば会社法は、「**株式会社の会計は、一般に公正妥当と認められる企業会計の慣行に従うものとする**」（会社法431条1）と定めています。

ただし、会社法では、「公正妥当な会計慣行」が何であるかは具体的に示していません。一般的には、大企業向けに金融庁の**企業会計審議会**や民間の基準設定機関である**企業会計基準委員会**が公表する意見書や会計基準がこれに含まれると考えられています。

▶企業会計原則

企業会計審議会が公表した「**企業会計原則**」（昭和24年設定、最終改正　昭和57年）は、企業会計の実務において慣習として発達したものの中から「一般に公正妥当」と認められたものを要約して、会計処理や会計報告の基準としてまとめたものだといわれています。

企業会計原則は、法令ではありません。英米法の世界でいう「**コモンロー**」に近いもので、**会計に関する一般的規範**とみなされています。これは、産業界と利害関係者（投資家、監査法人、監督官庁、証券市場など）の「合意」を基

にした約束のようなものと考えてよいでしょう。

ここでは、企業会計原則の詳細を述べるだけのスペースがありませんので、企業会計原則に定められている基本的・一般的な原則（これを、**一般原則**といいます）を紹介します。いずれの原則も、会計の考え方を知る上で極めて重要なものですが、「原則」といった性格のものではなく、近代会計の考え方とか会計の目的をシンボリックに表明したものです。

1 真実性の原則

企業会計原則の冒頭に書かれている原則です。

> **企業会計原則　一般原則　第1**
> 「企業会計は、企業の財政状態及び経営成績に関して、真実な報告を提供するものでなければならない。」

この文言を、一般に、「**真実性の原則**」と呼んでいます。簡単にいいますと、会計報告（決算報告）を行うにあたっては真実を伝えること、嘘をいわないこと、を要求しています。

報告書や手紙を書くときの作法としては「本当のことを書く」のはあたり前のことです。あえていうことでもないことですが、そうしたことをルールブックの最初に書くのですから、この原則は**倫理規定**の意味合いが強いといえるでしょう。

99

ところで，真実を伝えることはそう簡単ではありません。何をもって真実とみるかは，国により，人により，時代によって異なるからです。「東京の大学に合格した」というのと「東京大学に合格した」ではまるで意味が違いますが，東京大学に合格した人にとってはどちらも真実となります。

　会計の世界でも，ある面から見たら真実だけれど，見方を変えたら真実でなくなるということがしばしば起こります。そういうときにはどうしたらよいでしょうか。日本ではハッキリしたルールはありませんが，英米では「誰に対してもフェアであること」とか，「真実かつ公正であること」を求めるルールがあります。

▶企業会計原則への準拠
　わが国では，「フェア」とか「公正」という概念が根付いていないために，「**企業会計原則に準拠して行われる会計処理と会計報告**」をもって真実なものとみなしています。

```
┌─────────────────────────────────────────────┐
│              真実性の原則                    │
├─────────────────────────────────────────────┤
│ (要求)  会計処理の真実性 ⎫                   │
│                         ⎬ の両者が要求される │
│         会計報告の真実性 ⎭                   │
│                                             │
│  (表面的には「報告の真実性」のみが要求されているように│
│   みえるが，報告の真実性の前提として「処理の真実性」がある)│
│                                             │
│         ⬇                                    │
│ (目的)  ① 不実行為を排除すること             │
│            事実に反する会計行為              │
│              有るもの（大きいもの）→無いという（小さいという）│
│              無いもの（少ないもの）→有るという（多いという）│
│         ② 公正性を確保すること（誤解を防止する）│
└─────────────────────────────────────────────┘
```

2 正規の簿記の原則

> **企業会計原則　一般原則　第2**
>
> 「企業会計は，すべての取引につき，正規の簿記の原則に従って，正確な会計帳簿を作成しなければならない。」

　ここで「正規の簿記」とは，企業におけるすべての取引を正確・整然・明瞭に，かつ継続的に記録することができる簿記システムをいいます。大規模会社については，複式簿記が最も適しています。

　しかし，零細な企業や取引が極端に少ない事業などでは，わざわざめんどうな複式簿記を使わなくても，単式簿記のような簡便な記帳法でも，継続的・秩序的な記録を残すことができ，正確な会計帳簿を作成することが可能です。したがって，企業規模や取引量によっては，単式簿記も正規の簿記と考えることができます。

> **正規の簿記＝会計報告書の作成方法として的確な簿記**
>
> 　正規の簿記の要件
> 　　⇩
> 　① 網羅性（一定期間に発生したすべての取引を記録できること）
> 　② 記録の検証可能性（実際の取引その他検証可能な証拠に基づいた記録ができること）
> 　③ 秩序性（継続的かつ組織的な記録ができること）
> 　④ 財務諸表の誘導可能性（その記録から，財務諸表を誘導的に作成することができること）

🔑 KEYWORD	
単 式 簿 記	複式簿記以外の簿記システムを総称して，単式簿記といいます。多くの場合，すべての取引を記帳するのではないので，**貸借平均の原理**が働きません。複式簿記でいう，借方か貸方のいずれかを単記入する方式です。
複 式 簿 記	経済主体（企業）の，資産・負債・資本とその変化を，**貸借記入の原則**を使って継続的に記入し，**損益の計算と財産の計算**を同時に行う簿記システムをいいます。

3 資本取引・損益取引区別の原則

> **企業会計原則　一般原則　第3**
>
> 　資本取引と損益取引とを明瞭に区別し，特に資本剰余金と利益剰余金とを混同してはならない。

　会計上の取引のうち，**通常の営業取引**（商品の売買など）は**収益や費用を発生**させ，結果として企業の**純資産を増減**します。しかし，**損益の発生以外の原因から純資産を増減させる取引**もあります。たとえば，株主が**追加の資本**を払い込んだとか，逆に払い込んだ資本を株主に戻したような取引がそうです。

CHAPTER 6 会計にはどんな約束があるのか

●損益取引と資本取引

前者のような,「損益を発生させる取引」を「損益取引」といい,後者のような,「直接に純資産を増減させる取引」を「資本取引」といいます。

資本取引は,企業の元手(資本)を直接に増減させる取引であって,損益取引は,その元手(資本)を運用する取引です。運用の結果,元手が増加(利益の発生)することもあれば,減少(損失の発生)することもあります。

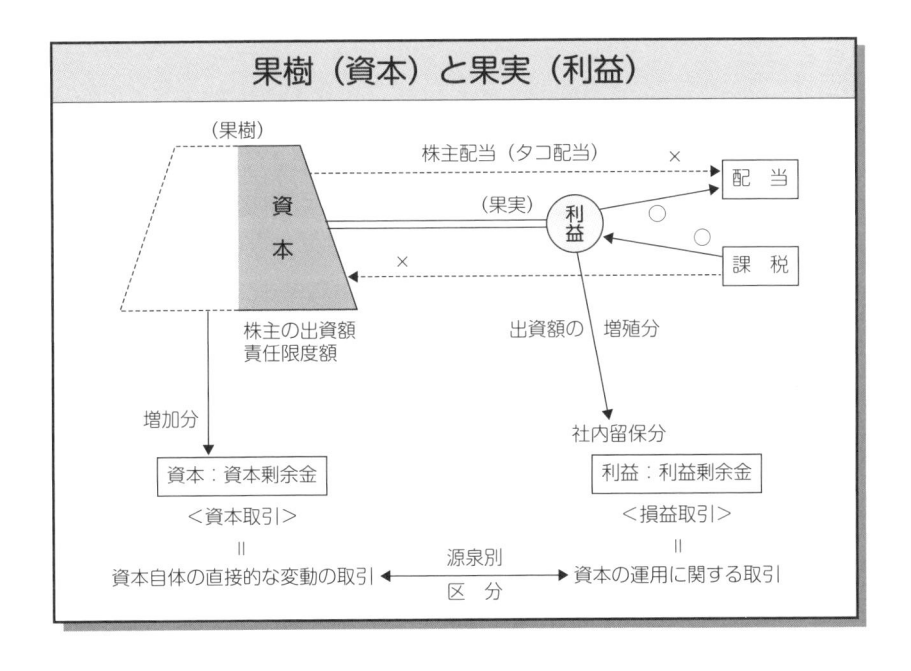

果樹(資本)と果実(利益)

(果樹)　　　株主配当(タコ配当)　　×　　→ 配 当

資 本　　　(果実) 利益 ○　○

　　　　　　　×　　　　　　　　　　→ 課 税

株主の出資額　　出資額の　増殖分
責任限度額

増加分　　　　　　　　　　　　社内留保分

資本:資本剰余金　　　　　　　利益:利益剰余金

＜資本取引＞　　　　　　　　　＜損益取引＞
　　＝　　　　　源泉別　　　　　　＝
資本自体の直接的な変動の取引 ←区 分→ 資本の運用に関する取引

「資本と利益の区別」の二義

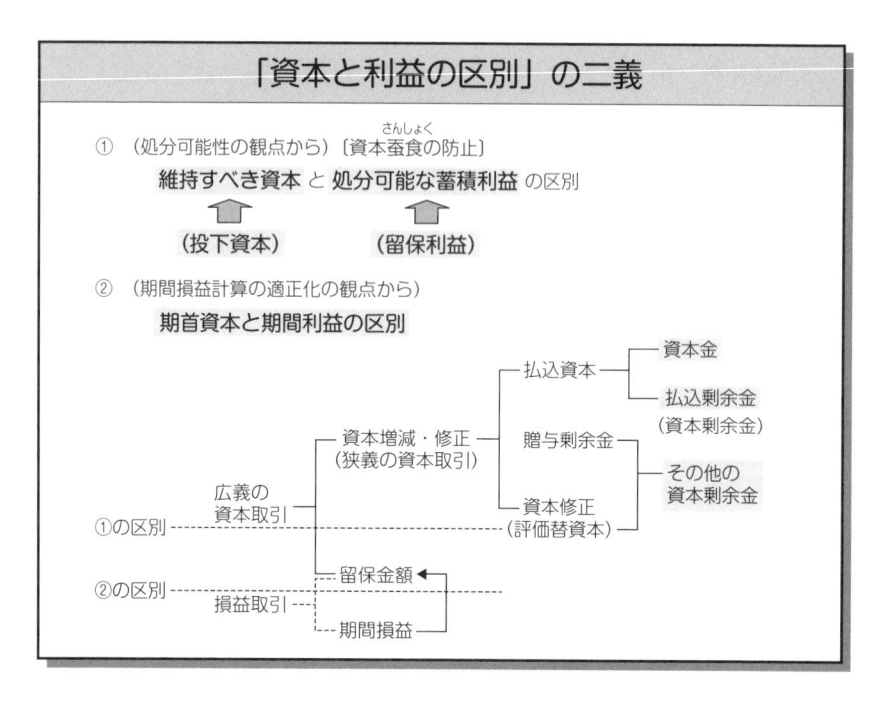

① （処分可能性の観点から）〔資本蚕食（さんしょく）の防止〕
　維持すべき資本 と **処分可能な蓄積利益** の区別
　　　⇧　　　　　　　　⇧
　　（投下資本）　　　（留保利益）

② （期間損益計算の適正化の観点から）
　期首資本と期間利益の区別

```
                                          ┌─ 払込資本 ─┬─ 資本金
                                          │           └─ 払込剰余金
                    ┌─ 資本増減・修正 ─┤                （資本剰余金）
                    │    （狭義の資本取引）├─ 贈与剰余金 ─┐
        広義の     │                    │              ├─ その他の
        資本取引 ─┤                    └─ 資本修正 ───┘   資本剰余金
①の区別 ┄┄┄┄┄┤                         （評価替資本）
                    │
②の区別 ┄┄┄┄┄┤         ┌┄ 留保金額 ◀┐
                    └─ 損益取引 ┤                │
                                  └┄ 期間損益 ───┘
```

　資本取引と損益取引を区別するということは，資本取引の結果として企業内部に留保される元手（資本）と，元手を運用（損益取引）した結果として生じる損益を混同しないようにすることです。

4　明瞭性の原則

企業会計原則　一般原則　第4

「企業会計は，財務諸表によって，利害関係者に対し必要な会計事実を明瞭に表示し，企業の状況に関する判断を誤らせないようにしなければならない。」

この原則は，企業の**利害関係者**（株主，債権者，取引先，課税当局など）が企業の**経営成績**や**財政状態**について正しい判断をするにあたって必要な**会計事実を財務諸表によって明瞭に表示**することを要請するものです。

●詳細性と概観性

ある事実を明瞭に（正しく判断できるように）示すという場合，2つのことが考えられます。1つは，詳しく示すこと（**詳細性**）であり，もう1つは，一目でわかるように示すこと（**概観性**）です。

ところが困ったことに，**詳細性と概観性は両立しない**のです。詳しく示そうとすれば概観性を失いますし，一目でわかるように示そうとすれば細部が示されません。たとえば，地球儀は世界全体を一目でとらえるには便利ですが，地球儀を手にして旅行をするわけにはいきません。旅行には，訪問先の詳しい地図が必要です。そこで，概観性のある情報を先に示しておいて，必要に応じて詳細な情報を示して補足するということが行われます。

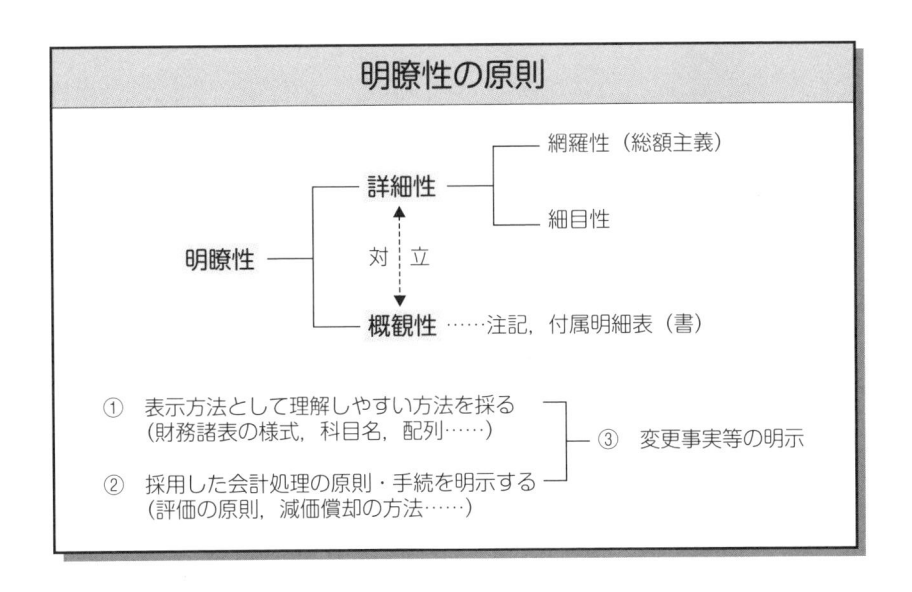

```
                    明瞭性の原則
                                  ┌── 網羅性（総額主義）
                       詳細性 ──┤
                         ↕         └── 細目性
        明瞭性 ──    対 立
                         ↕
                       概観性 …… 注記，付属明細表（書）

    ①  表示方法として理解しやすい方法を採る    ┐
        （財務諸表の様式，科目名，配列……）      ├ ③  変更事実等の明示
    ②  採用した会計処理の原則・手続を明示する  ┘
        （評価の原則，減価償却の方法……）
```

●補足情報と附属明細書

　会計情報の場合には，損益計算書や貸借対照表の本体ではあまり詳しい情報を示さずに概観性を保つようにしておいて，必要に応じて，**補足情報を注記**したり，**附属明細書を添付**したりします。

5　継続性の原則

> **企業会計原則　一般原則　第5**
>
> 「企業会計は，その処理の原則及び手続を毎期継続して適用し，みだりにこれを変更してはならない。」

　これを一般に，「**継続性の原則**」といいます。ある会計方法や手続きを採用したら，この方法を毎期継続して適用し，正当な理由なくこれを変更してはならない，というものです。なぜ，こうしたルールが必要なのでしょうか。

　今，減価償却のことを考えてみましょう。固定資産の価値の減少を計算する主な方法としては，**定額法**と**定率法**があります。定額法では，固定資産の価値は，毎期，均等額ずつ減少するという仮定の下に減価償却費を計算します。定率法では，償却の初期には多めの減価が発生し，後期になるにつれて減価が小さくなるという仮定の下に償却費を計算します。

　この2つの方法は，非常に長い歴史を持ち，どちらが優れているとはいえません。そこで，会社法でも企業会計原則でも，企業が減価償却の方法を選択するときには，どちらを選んでもよいとしています。認められた複数の会計方法があって，その方法に優劣がつけられない場合には，自由な選択を認めているのです。

CHAPTER 6　会計にはどんな約束があるのか

　定額法も定率法も，同じ方法を最後まで継続して適用することを要求するのは，(1)会計数値の期間比較可能性を確保すること，(2)経営者の利益操作を排除すること，を目的としているといわれています。

　もし，定額法を採用した企業が，途中で定率法に変更するとすれば，毎期に計上される減価償却費が**期間的連続性**を持たなくなります。

　それ以上に重要なのは，なぜ，会計方法を変更するのかです。多くの場合，会計方法を変更するのは，利益数値を「マッサージ」(利益操作)したいからです。そうした**恣意的な操作を排除**するために，一度採用した会計方法は，正当な理由がない限り，変更を認めないのです。

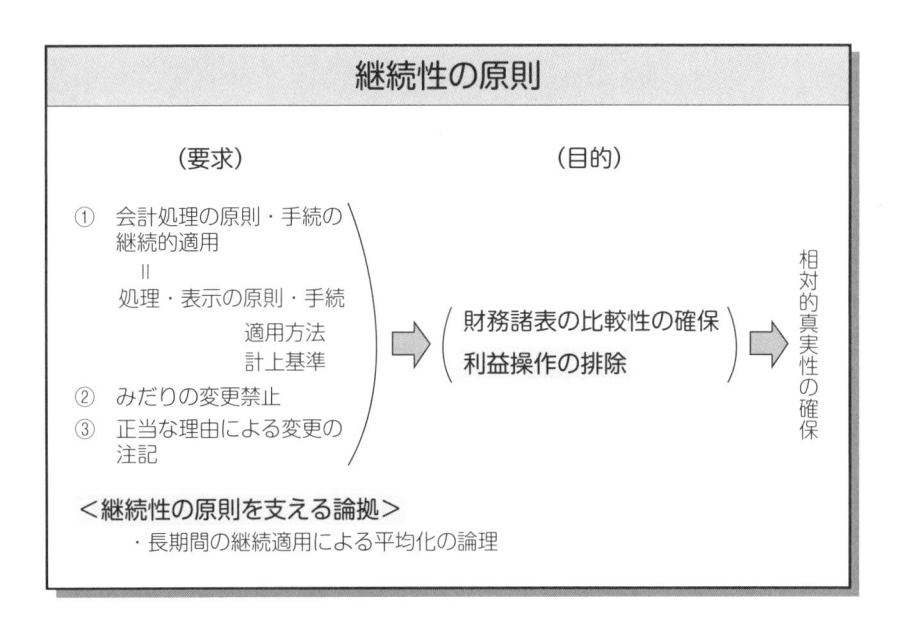

継続性の原則

（要求）　　　　　　　　　　　　（目的）

① 会計処理の原則・手続の継続的適用
　　＝
　　処理・表示の原則・手続
　　　　　適用方法
　　　　　計上基準
② みだりの変更禁止
③ 正当な理由による変更の注記

⇒ 財務諸表の比較性の確保
　　利益操作の排除
⇒ 相対的真実性の確保

＜継続性の原則を支える論拠＞
　・長期間の継続適用による平均化の論理

107

▶正当な理由

では、会計方法を変更する正当な理由としては、どういう理由があるのでしょうか。これを、図で示しておきます。

```
「正当な理由」による変更の例

(1)  従来慣行的に採用されていた方法からより合理的な方法への変更
    ①  税法に規定する方法  ⇒  他の合理的な方法
    ②  現金主義による会計処理  ⇒  発生主義による会計処理
(2)  財務内容のより適正な表示になる変更
(3)  財政状態に著しく不利な影響を及ぼす可能性のある時に、保守主義の枠内でより保守的な方法に変更
    (例)  時価下落傾向の時に、原価主義  ⇒  低価主義
(4)  法令、規則（含、税法）の改正等に伴う変更
(5)  監督官庁の関係法令等の解釈・運用方針の公表・変更に伴う変更
```

6　保守主義の原則

　保守主義というのは、政治の世界にも、企業活動にも、日常の家庭生活にも、どこの世界にもあります。「リスクが伴うときには、そのリスクに備えて用心しよう」という姿勢で、一種の生活の知恵です。車を運転していて、カーブ先の見通しが悪いときには誰でも減速します。予約した飛行機や新幹線に乗るときは、少し時間に余裕を持って出かけるでしょう。いずれも、起こり得るリスクに備えているのです。

CHAPTER 6　会計にはどんな約束があるのか

　企業会計原則にも，そうしたリスクを避けようという姿勢があります。つぎのように書いてあります。

> **企業会計原則　一般原則　第6**
> 「企業の財政に不利な影響を及ぼす可能性がある場合には，これに備えて適当に健全な会計処理をしなければならない。」

　これを，一般に「保守主義の原則」とか，「安全性の原則」といいます。要するに，会計処理においては，**利益を出すときは慎重に，費用は早め・多めに計上する**，つまり，「石橋を叩いて渡れ」ということでしょう。

　会計では，見積りによる計算をしなければならないことがたびたびあります。たとえば，減価償却をとりましても，耐用年数も残存価額も見積りです。売掛金や貸付金が貸倒れになる場合に備えて設定する「貸倒引当金」も，将来の貸倒れを見積もって金額を決めます。

●保守的な経理
　そうした見積りの計算をする場合には，**収益や利益が控えめに出るように，費用が多めに出るように保守的な経理をする**方が，その逆よりも**健全な結果**をもたらすといわれています。

保守主義の原則（安全性の原則）

企業の財政に不利な影響を及ぼす可能性のある場合（予測される将来の危険）⇒ これに備えて，慎重な判断に基づく適当に健全な会計処理

保守主義の意義
　＝一般に公正妥当と認められた会計処理や見積りの方法の枠内で，より多くの費用・損失が計上される方法，より少ない収益・利益が計上される方法を採ることを妥当とする思考

（条件）
方法の選択について，いずれを選択すべきかの客観的データがないこと

この枠から外れると**過度の保守主義**

7　単一性の原則

企業会計原則　一般原則　第7

「株主総会提出のため，信用目的のため，租税目的のため等種々の目的のために異なる形式の財務諸表を作成する必要がある場合，それらの内容は，信頼しうる会計記録に基づいて作成されたものであって，政策の考慮のために事実の真実な表示をゆがめてはならない。」

●財務諸表の作成目的は多様

　企業の財務諸表はいろいろな目的で作成されます。**株主総会に提出する財務諸表**は，会社法施行規則・会社計算規則に形式が定められており，**有価証券報告書に収容する財務諸表**は，金融商品取引法・財務諸表等規則によって形式が

定められています。

　銀行や保険会社などからお金を借りるために（**信用目的**といいます）財務諸表を作成する場合は，必ずしも法令に従って作成する必要はありませんが，株主総会向けの財務諸表よりも詳細な情報を盛り込むことが要求されることもあります。

▶実質一元・形式多元
　このように，会社が作成する財務諸表は，その**目的によって形式が異なる**ことがあります。しかし，形式が異なっても，そこに記載される内容（利益の数値や財産の数値）まで違えば，この財務諸表は信頼されないでしょう。

　この「単一性の原則」は，いろいろな目的で財務諸表が作成されるにしても，そこに盛り込まれる**会計数値等は実質的に同じ**であることを要求しています。

	✂ KEYWORD
定　額　法	固定資産の価値は，毎期，一定**額**ずつ減少すると仮定して減価償却費を計算する方法です。建物やトラックのように，機能的な減価が少ない資産に適していると考えられています。
定　率　法	固定資産の価値が，毎期，一定**率**ずつ減少すると仮定して減価償却費を計算する方法です。機械や乗用車のように，使用し始めた初期の段階で大きな価値の減少が見込まれる資産に適していると考えられています。

> ## ✂ KEYWORD
>
> 　同じ種類の商品であっても，仕入れた日が違うと仕入単価も違うことがあります。そこで，売れた商品と売れ残った商品を区別するために，つぎのような商品の流れを仮定するのです。
>
> | 先入先出法 | 先に仕入れた商品が先に売れたことにする方法です。ほとんどの商品はこうした流れ方をします。 |
> |---|---|
> | 後入先出法 | 最後に仕入れた商品から先に売れると仮定する方法です。建設に使う砂のように，在庫の上に仕入れたものを上積みすると，後入先出の流れになります。現在は適用が禁止されています。 |
> | 平　均　法 | 先に仕入れた商品と後から仕入れた商品がミックスされて売られると仮定する方法です。石油や液体の原料などはこうした流れ方をします。 |

▶公認会計士・監査法人の役割

　今日の企業は，必要な資金の一部を，投資家から直接に調達するようになりました。かつては，銀行や保険会社が一般国民から預金・保険料として集めた資金を借りるという**間接金融**が主流でしたが，今は，株式や社債を発行して広く世界中の投資家から直接に資金を集めるという，**直接金融**の時代になりました。

　直接金融の世界では，各企業は，健全な会計ルールに従って経理・決算を行い，その結果を，広く投資大衆に公開する必要があります。自社に投資（株式や社債の購入）することがいかに有利かを広報することによって，有利な条件で資金を集めるのです。ここでいう投資大衆には，現在の株主・社債の保有者

CHAPTER 6 会計にはどんな約束があるのか

（社債権者）もいますし，これから自社の株や社債を買うことを検討している人たちもいます。

　こうした投資家に向かって「わが社は，健全な会計を行っている」ということをアピールするには，健全な会計ルールとは何か，わが社がそのルールに従って経理・決算をしていることを，外部の専門家によって証明してもらう必要があります。そのためのルールが**会計基準**であり，そのための専門家が**公認会計士**であり，その集団である**監査法人**です。

　公認会計士やその集団（パートナーシップによる組織）は，各企業が，法令と会計基準に準拠して適切な経理・決算を行っていることをチェックして，その結果を現在の投資家（株主・債権者）と将来の投資家に知らせることを役割としているのです。

　会社法上，大会社に分類される会社は，会社の機関として「**会計監査人**」を置かなければなりません。会計監査人になることができるのは，公認会計士と監査法人です。これを一般に，**公認会計士監査**と呼んでいます。

▶監査役・監査役会の役割
　わが国では，取締役の職務執行を監査する株式会社の機関として，定款の規定に基づいて「**監査役**」が設置されます。大会社の場合は，監査役の全員をもって組織する合議体としての「**監査役会**」が法定の機関として設置されます。監査役会を設置しても，**監査役は独任制の機関**なので，監査に必要な各種の調査権や監督権は**各監査役が個別に行使する権限**を持っています。以下，一般的な会社を想定して監査役（会）の話をします。

　監査役の行う監査には，**業務監査**と**会計監査**がありますが，定款の定めにより，監査役の監査を会計監査に限定することもできます。**監査役会を設置する**

113

会社では，監査役は**3名以上**で，その半数以上は**社外監査役**とし，さらに，**常勤の監査役**を置くことになっています。

　会計監査人（社外の公認会計士・監査法人）**による監査報告**では，計算関係書類が会社の財産および損益の状況をすべての重要な点において適正に表示しているかどうかをチェックして，無限定適正意見，除外事項を付した限定付適正意見，不適正意見，意見を表明しない，という4つの意見が表明されます。

　監査役は，会計監査人の報告を受領した後，**会計監査人の監査の方法または結果についての相当性について監査**を行うこととなっています。つまり，計算書類の監査については，会計監査人と監査役が二重に行うといった無意味な重複を避けるために，第1次的には会計監査人が行い，**監査役は，会計監査人による監査が実施されていることを前提に職務を遂行する**のです。

　このために，監査役と会計監査人とは密接に連携を取っている必要があります。**監査役は必要があれば会計監査人に報告を求める**ことができますし，また，会計監査人は取締役が職務執行に関して**不正や法令等への重大な違反をしている**ことを発見した場合は**遅滞なく監査役に報告**しなければなりません。

　監査については，これ以上詳しいことは書けませんので，つぎに，会計監査の入門書を紹介しておきます。

- 友杉芳正著『スタンダード監査論』（第3版）中央経済社
- 蟹江　章他著『わしづかみシリーズ　監査論を学ぶ』税務経理協会
- 田中　弘著『会計と監査の世界（監査役のための「早わかりシリーズ」）』税務経理協会

CHAPTER 7
損益計算書（P/L）の構造を知る

1 損益計算の方法－損益法と財産法
2 損益計算の基準
3 費用収益対応の原則
4 損益の種類と区分
5 売上総利益と営業損益
6 営業外損益
7 特別損益
8 損益計算書（P/L）の作り方
9 当期業績主義
10 包括主義
11 損益計算書の構造
12 損益計算書を読むコツ－活動量を示した損益計算書
13 成果を計算する損益計算書
14 利益は5種類もある

1 損益計算の方法——損益法と財産法

利益を計算する方法には，つぎの2つがあります。ここで「**純資産**」という言葉を使いますが，それは，負債を返済してもなお手許に残る資産という意味です。株式会社であれば，負債を返済しても残る「**株主の取り分**」ということになります。少し前までは「**資本**」と呼んでいました。

総資産 － 負債 ＝ 純資産

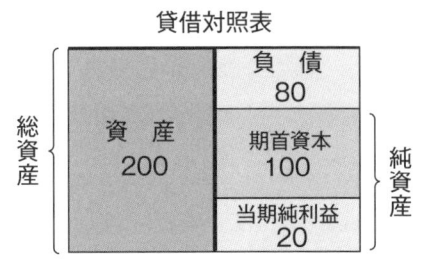

貸借対照表

総資産 {	資　産 200	負　債 80	} 純資産
		期首資本 100	
		当期純利益 20	

🗝 KEYWORD	
財　産　法	期首にあった純資産と期末の純資産を比べて，増加した分を純利益とする方法をいいます。 **期末純資産－期首純資産＝当期純利益**
損　益　法	期間中の収益から費用を差し引いて，その残りを純利益とする方法をいいます。 **当期の収益－当期の費用＝当期純利益**

CHAPTER 7　損益計算書（P/L ビー・エル）の構造を知る

損益計算書

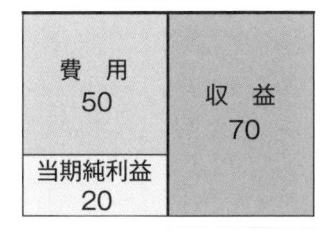

| 費　用 50 | 収　益 70 |
| 当期純利益 20 | |

🗝 KEYWORD

ここで「収益」という用語と「利益」という用語が出てきました。似たような言葉ですが，会計ではこの２つの用語をつぎのように使い分けています。

収　益	売上高（商品・製品の販売総額）
利　益	売上高から費用を引いた残り。儲けの額。

収益は**総額**を意味する用語で，この額から何か（費用）を差し引いたのが純額としての利益です。**利益**は，この額から何も引かれないという意味で，**純額**を表す用語です。

ついでに，費用と損失という用語の違いを説明しておきます。

費　用	収益を上げようとして使ったお金や資源の額。
損　失	盗難や火災による被害のような損害の額。マイナスの利益。

　では，この２つの計算方法の違いを，パチンコの台を例に使って説明しましょう。500円出して100個の玉を借りたとします。パチンコ台には２つのカウンターを取り付けておきます。１つは，打った玉の数を数えるカウンターで，もう１つは，出てきた玉の数を数えるカウンターです。

ゲームを１時間ほど楽しんだとしましょう。打った玉の数を数えるカウンターから，この１時間に玉を2,000個打ったということがわかったとします。出てくる玉を数えるカウンターをみますと，2,200個出てきたことがわかるとします。

　打った玉が2,000個で，出てきた玉が2,200個というのですから，玉が200個増えたことが推理できます。このように，インフロー（流入量）とアウトフロー（流出量）を比較して，どれだけ財産が増えたかを計算するのが**損益法**です。

> 【損益法】　流入量2,200個 － 流出量2,000個 ＝ 増加量200個（利益）

　最初にあった玉は100個でした。ゲームを終えてから手元にある玉を数えたら，300個ありました。最初の玉と比べると200個増えています。このように，初めと終わりのストック（玉の数）を比較して増加があればそれを利益とするのが，**財産法**です。

> 【財産法】　終りの有高300個 － 最初の有高100個 ＝ 増加200個（利益）

　財産法は，実際の財産というストックの増加を確認してこれを利益とするのですから，**計算は確実であり，利益の存在を目で確かめることができます。**

　他方，**損益法**は，ある期間に生じた収益と費用というフロー同士を比較して，アウトフロー（費用）よりもインフロー（収益）が大きければ財産の増加があったはずだとするものですから，**利益の存在を観念的・抽象的に確認する方法**です。

どちらの方法でも利益を計算することができるのですが，どちらの方法にも長所と欠点があります。損益法は，利益を観念的にしか確認できませんから，フローを計算するカウンターが正確に作動していないと正しい利益を計算することができません。しかし，**損益法のデータからは，企業活動がどれだけ活発であったかとか，どういう活動から利益が生まれてきたかといったことがわかる**のです。

また，財産法は，利益の存在を目で確かめられるという長所があるのですが，その利益がどういう企業活動からもたらされたか，企業活動は活発であったかというようなことはわかりません。

こうした長所と短所があることから，**今日の会計**では，**フローによる利益計算（損益法）を採用**しながらも，その欠点を財産法によって補っています。定期的に在庫を調べたり（「**棚卸し**」といいます），期末に一部の資産（有価証券など）を時価評価するのはそのためです。

2 損益計算の基準

損益法を使って利益を計算するには，収益と費用を一定の基準に従って測定する必要があります。そうした測定の基準として，つぎのようなものがあります。

▶現 金 主 義
現金の収入があればその期の収益と考え，**支出があればその期の費用**とする方法を**現金主義**といいます。この方法は，計算の確実性が高く，また，帳簿を付けるにも簡単ですが，収入のすべてが収益になるわけでありませんし，支出がすべて費用となるわけでもありませんので，この方法では，合理的な損益計

119

算ができません。

たとえば，当期の現金収入の中に借入金が入っていたり，現金支出の中に備品の購入代金が入っていたりする場合です。

▶発生主義
ある期間の収益と費用を，いったん現金の収支からはなれて，それらが発生しているという事実に基づいて計算する方法を**発生主義**といいます。

この方法では，期末現在でまだ払っていない費用があればこれも費用として計上します。当期の収益の一部が未収となっていれば，これも当期の収益に計上します。また，当期中に次期の費用を支払っていれば，この前払いした費用を当期の費用から除外したり，当期中に次期の収益を前受けしていればこれも当期の収益から除外します。

今日の会計では，収益と費用を発生主義を基本として計算します。発生主義を基本とすることから，今日の会計を「**発生主義会計**」と呼ぶこともあります。

▶実現主義
収益と費用は，上の発生主義に基づいて計上するのが原則ですが，収益については発生という事実を合理的に確認することが困難なことが多いので，さらに制約を設けて，発生した収益のうち「**実現**」したものだけをその期の収益として計上することにしています。これを**実現主義**といいます。

たとえば，10段階の製造工程を終えると1,000円で売れる製品があったとします。製造に要する原価は各段階で70円かかるとします。それぞれの工程が終わるたびに，100円の収益・70円の費用・30円の利益が発生します。第1段階で利益が30円発生し，第2段階で収益が100円，費用が70円，利益が30円，累

CHAPTER 7　損益計算書（P/L ビー・エル ）の構造を知る

計で収益が200円，費用が140円，利益が60円になります。第10段階を終えると，発生した収益は1,000円，費用は700円，利益は300円になります。

　会計では，収益や利益はこうした工程の各段階で少しずつ発生し，雪だるまのように累積して，最終的に販売価格になる，と考えています。しかし，**観念的には，利益は製造の各段階で発生する**と理解できても，多くの場合，その収益額や利益額を，工程ごとに客観的に把握することができません。製造の途中で，傷が付いたり壊れたりするものもあります。そのために，**会計では，原則として，製造段階ごとに収益や利益を計算せずに，製造が完了して，その製品が販売されたときに計上**することにしています。これが**実現主義**という考え方です。

　製造業だけではなく，商品販売業やサービス業でも同じです。商品を仕入れ，これを保管し，必要な装飾をほどこして店舗に並べ，顧客を勧誘して販売に結びつけ，梱包し，これを顧客のところまで配送し，代金を回収するといった，一連の段階を経て商品は販売を終えるのです。

　この各段階で収益も利益も発生すると考えられますが，その各段階でいくらの利益が発生したかを測定することはほとんど不可能です。途中で壊れて売れなくなる商品もあるでしょう。そのために，商品販売業でも，実際に商品が販売されるまで，つまり商品の販売代金（収益の額）が決まるまで，利益を測定しません。

　収益や利益の測定を，製造活動や営業活動の各段階で行うことは，客観的な測定が困難なこともありますし，途中で商品や製品に傷が付いたり壊れたりして販売までたどり着かないこともあります。そうしたことから，**会計では，最終段階の販売にたどり着くまで，収益や利益を計上しない**のです。最終段階にたどり着いてはじめて，「収益・利益が確実なものになった」，つまり「**実現し**

121

た」と考えるのです。

　最終の販売段階にまできていない場合は，収益も利益も確実性が乏しいので，これを「**未実現**」と呼んでいます。収益の場合は「**未実現収益**」，利益の場合は「**未実現利益**」というのです。

3　費用収益対応の原則

　企業の損益を計算するには，期間（たとえば，半年とか１年）で区切って，その期間中の収益と，その期間の費用を集計します。

$$\text{当期の収益} - \text{当期の費用} = \text{当期の利益}$$

　こうして収益と費用を期間的に対応させて利益を計算する考え方を，**費用収益対応の原則**といいます。ここで「対応」というのは，「比較」の意味です。

4　損益の種類と区分

　上で述べたように，損益計算では，１期間の収益と費用を対応させて，つまり，比較して，その期の利益を求めます。その場合，収益と費用をまとめて比較するのではなく，**収益も費用も，企業活動別に**，あるいは，**発生源泉別に区分して対応**させるならば，収益や利益がどういう活動から生じたものかを知ることができます。

　企業活動は，大きく分けて，３つあります。１つは，本業の活動です。これ

を「営業活動」といいます。本業から生まれた損益は「**営業損益**」といいます。

> 本業の損益 ＝ 営業損益

　企業は，本業以外の仕事もします。たとえば，企業活動に必要な資金を調達したり，余裕資金を運用したりします。主に**財務活動**です。最近の表現を使えば，「財テク」です。こうした本業以外の企業活動から生じる損益を「**営業外損益**」といいます。「本業以外の営業活動の損益」という意味です。

> 財テク損益（財務活動の損益）＝ 営業外損益

　本業の損益（営業損益）と財テク損益（営業外損益）を合算した損益は，「**経常損益**」と呼ばれます。「経常」を重箱読みして，「**ケイツネ**」とも呼ばれます。いつの期間にも経常的に発生する「期間損益」ということです。「通常の損益」「平年の損益」を表すもので，「**普段の実力**」といってもいいでしょう。

> 普段の実力 ＝ 営業損益 ± 営業外損益 ＝ 経常損益

　「普段の実力」とは関係のない損益もあります。たとえば，火災による損失とか，盗難による損失，長年にわたって所有していた土地を売却して得た利益などです。こうした，当期の営業活動や財テク活動と関係のない損益は，「**特別損益**」と呼ばれます。臨時的な損益や異常な損益です。

> 臨時・異常な損益 ＝ 特別損益

「本業の損益」と「財テクの損益」と「特別損益」を通算しますと,今年の損益(当期純利益)が計算されます。

> 今年の損益 = 営業損益 ± 営業外損益 ± 特別損益 = 当期純利益

以上の損益を,一覧できるようにした表が,下図です。以下,この区分に従って,もう少し詳しく損益の内容を紹介しましょう。

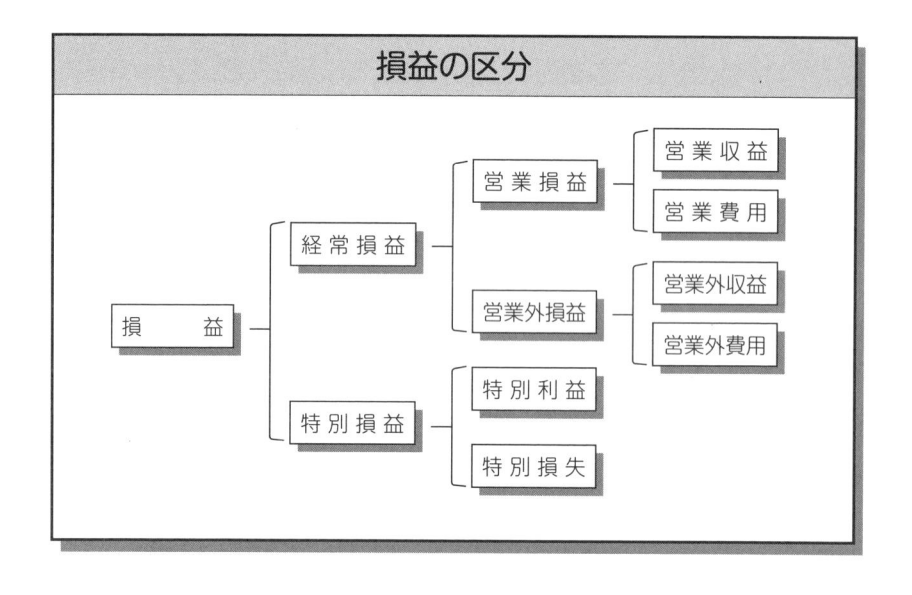

損益の区分

```
              ┌─ 経常損益 ─┬─ 営業損益 ──┬─ 営業収益
              │           │            └─ 営業費用
損　益 ───────┤           │
              │           └─ 営業外損益 ┬─ 営業外収益
              │                        └─ 営業外費用
              └─ 特別損益 ─┬─ 特別利益
                          └─ 特別損失
```

5　売上総利益と営業損益

企業が日常的に営む経営活動に伴って発生する収益・費用には,本業の収益・費用(営業収益・営業費用)と,それ以外の,主として財務活動(財テク)の収益・費用(金融収益・金融費用)があります。

CHAPTER 7　損益計算書（P/L）の構造を知る

> 本業の収益・費用 ＝ 営業収益・営業費用

> 財テクの損益 ＝ 営業外収益・営業外費用

　損益計算では，主たる営業活動から生じる収益（通常の企業は，売上高）から，その収益を得るために使った費用（売上原価）を差し引いて，いったん，おおざっぱな利益を計算します。この利益を，経済界の人たちは「**粗利益**」とか「**荒利**」といいます。会計の専門用語では，「**売上総利益**」といいます。入門の簿記でいう，「**商品売買益**」のことです。

> 売価（売上高）－ 仕入れ値（売上原価）＝ 粗利益

✂ KEYWORD

　「**粗利益**」は，商品でいうと，仕入原価と売価の差額です。100円で仕入れた商品を130円で販売すれば，30円の利益が出る。ただし，この30円という利益から，店の営業費，たとえば，電気代，電話代，店員の給料，包装紙代などを差し引いて，本当の利益が出ます。「粗利益」というのは，商品の売価から仕入代金を差し引いただけの「**おおざっぱな利益**」ということです。

　商品を仕入れて販売したときの利益は，売価（売上高）から仕入れ値を差し引き，さらに，電気代，通信費などの営業費を引かなければなりません。そうして求めた利益が，本業の損益，つまり，**営業損益**です。

125

$$\boxed{\text{売価（売上高）}-（\text{仕入れ値}+\text{営業費}）=\text{営業利益}}$$

ここまでの計算を，損益計算書の形で示します。

≪営業損益の計算プロセス≫

損 益 計 算 書		
Ⅰ　売上高		100
Ⅱ　売上原価	（－）	70
売上総利益		30　←粗利益
Ⅲ　販売費及び一般管理費	（－）	10
営 業 利 益		20　←本業の利益

🔑 KEYWORD

　収益には，「**主たる営業活動**」から生じるものと「**従たる営業活動**」から生じるものがあります。前者の代表が，商品や製品の売上高です。クリーニング店ならお客さんから受け取るクリーニング代金が収益です。後者の「従たる営業活動から生じる収益」には，銀行預金の利息，有価証券の売買益などがあります。

　会計で「**営業外**」というときは，「営業活動以外」という意味ではありません。「本業以外の」，「主たる営業活動以外の」という意味で使っています。ですから，「**従たる営業活動**」という意味なのです。わかりやすくいえば，「金融上の損益」とか「財務活動の損益」です。そのほかの損益もここに入れているということでしたら，「財務活動等の損益」と表示したほうが誤解は少ないでしょう。

　収益，利益，損失，損益という用語も紛らわしいですね。会計では，基本的に，つぎのように使い分けています。

CHAPTER 7　損益計算書（P/L）の構造を知る

収　　益	売上高のように，**総額の概念**です。これから，売上原価のように差し引く項目がある場合に使います。「営業外収益」も，これから「営業外費用」を差し引くために，収益とされています。
利　　益	「純利益」という用語が暗示するように，**純額の概念**で，これ以上差し引くものがない，「**最終の利益**」という場合に使います。「経常利益」や「当期純利益」はこの意味で使われています。
費用・損失	費用が「収益を生むために使った」という性格を持つのに対して，損失は，「収益を生むのに貢献しなかった」という性格を持ちます。そうした費用の例は「電力料」であり「通信費」があり，損失の例としては，「火災損失」や「盗難損失」があります。

　ここで，「**販売費及び一般管理費**」とは，つぎのような費用をいいます。**販売費**は，商品・製品を買い手（お得意さん）に引き渡し，代金を回収するまでの費用で，一般管理費は，企業活動全般を管理するのにかかる費用です。どちらにも「給料」があります。セールスマンに払う給料は「販売費」に入り，経理マンに払う給料は「一般管理費」に入ります。

　「給料」といいますと，もらうものというイメージがあるかもしれませんが，企業からいいますと，支払う費用です。払った費用の目的によって，販売費とされたり一般管理費とされたりするのです。販売費と一般管理費をあわせて，業界の皆さんは「**販管費**」と呼んでいます。

🔑 KEYWORD

販　売　費	販売員給料,販売員旅費,販売手数料,荷造運送費,広告費,発送費など
一般管理費	役員給料,事務員旅費,通信費,光熱費,消耗品費,修繕費,支払家賃,雑費など

6　営業外損益

　本業以外の活動から生じる損益を,「**営業外損益**」といいます。「営業外」といいますが,営業活動であることは変わりなく,「**(主たる)** 営業外」という意味です。メインは,つぎに示しますように,資金調達・資金運用(財テク)の収益と費用です。

🔑 KEYWORD

営業外収益	受取利息,有価証券利息,受取配当金,有価証券売却益,仕入割引,雑益など
営業外費用	支払利息,社債利息,新株発行費償却,有価証券売却損,有価証券評価損,売上割引,雑損など

　本業の損益(営業損益)に財テクの損益(営業外損益)を加減したものが,**経常損益**です。上にも述べましたように,「平常の損益」「いつもの損益」「普段の実力」といった意味の損益です。業界の皆さんは,**経常利益**のことを「**ケイツネ**」と呼びます。

ここまでの損益計算を示しますと、つぎのようになります。

≪経常損益の計算≫

```
            損 益 計 算 書
 I  売上高                        100
 II 売上原価              (－)    70
      売上総利益                   30  ←粗利益
 III 販売費及び一般管理費    (－)    10
      営 業 利 益               20  ←本業の利益
 IV 営業外収益             (＋)   15
 V  営業外費用             (－)   10
      経 常 利 益               25  ←今年の平常利益
```

7 特別損益

　上の損益計算書（途中までしか書いてありません。132頁に、最後まで示した損益計算書を載せています。）を見ますと、収益（売上高）から始めて、本業の損益を計算し、財テクの損益を加減して「今年の平常の利益」として**経常利益**を求めています。

　しかし、企業の損益には、今年の損益以外のものもあります。たとえば、長年所有していた土地を売却して利益がでた場合は、その利益は所有していた長期間の利益です。不幸にして火災に遭い損失を被ることもあります。また、過去に減価償却費の計算を間違えて追加の償却費を計上するということもあります。こうした**臨時の損益**や**計算の修正**は、「**特別損益**」と呼ばれ、上に掲げた損益計算書の末尾に記載されます。後の方で、「特別損益」の部分までを示した損益計算書を紹介します。

8　損益計算書（P/L）の作り方

　前にも書きましたが，損益計算書はフロー（資金の流れ）の表です。貸借対照表（バランスシート）はストックという目に見えるものの一覧表ですからわかりやすいのですが，損益計算書はフローという抽象的・観念的なものを表示するために，会計の知識がないと理解しにくいのです。

　そうした事情から，損益計算書を作るには，2つの考え方があります。1つは，あまり専門的な知識がなくても損益計算書が読めるように工夫しようとする考え方で，これを**当期業績主義**といいます。

　もう1つは，投資家，特に株主が一番知りたいこと，つまり，株主に対する**分配可能利益を計算・表示**しようとする考え方です。これを，**包括主義**といいます。

9　当期業績主義

　当期業績主義の考え方は，**当期の損益計算書だけを見れば，その企業の経常的・平常的な収益力・利益獲得能力が読めるように工夫して損益計算書を作成**するということです。こうした考え方をしますと，損益計算書には，その企業の経常的・平常的な損益だけを記載し，臨時的な損益や異常な損益を記載しないようにします。

　先に掲げた損益計算書（経常利益までのもの）は，こうした考えに基づくものです。

この考え方は，あまり会計に関して詳しい知識を持っていない人でも決算書が読めるようにしようというもので，教育的・啓蒙的な考えにたっています。ただし，ある項目を，当期の収益・費用とするか臨時の項目とするかは，経営者の判断によりますから，ときには損益計算書がゆがめられることもあります。

10　包括主義

　包括主義の考え方は，**その期間に発生した損益はもとより，臨時的な損益も異常な損益も，すべてその期の損益計算書に記載して，「丸裸の企業実態」を見せようとするもの**です。

　この場合，損益計算書には，当期に発生した損益だけではなく，過去の利益や過去の損益の修正項目なども含まれます。その結果，損益計算書には，「今年の通常の利益」ではなく，**「今年の分配可能利益」「今年の処分可能利益」**が表示されます。

　包括主義の損益計算書は，すべての損益を計上するのですから，ごまかしが利きません。しかし，逆に，包括主義の損益計算書を見ても，その企業の「経常的・平常的な収益力」「いつもの実力」を読むには，数期間の計算書を比較したり平均を求めたりしなければなりません。専門的な知識を必要とするのです。ややプロ向きといってよいでしょう。

11　損益計算書の構造

　では，私たちが目にする損益計算書は，どちらの考え方を基にして作成されているのでしょうか。現在，わが国で作成されている損益計算書は，当期業績

主義と包括主義を折衷したものとなっています。当期業績主義の長所を生かしながら，**全体としては包括主義の損益計算書**となっています。

少し詳しくみてみましょう。つぎのひな形（サンプル）は，企業会計原則による損益計算書です。わかりやすくするために，金額を入れてあります。

	損 益 計 算 書		
営業損益計算	Ⅰ　売 上 高		100
	Ⅱ　売 上 原 価		
	1　商品期首棚卸高	10	
	2　当期商品仕入高	54	
	3　商品期末棚卸高	12	52
	売上総利益		48
	Ⅲ　販売費及び一般管理費		
	販売手数料	4	
	広告宣伝費	13	
	給料・手当	10	
	減価償却費	6	33
	営 業 利 益		15
経常損益計算	Ⅳ　営業外収益		
	受取利息	1	
	受取配当金	15	16
	Ⅴ　営業外費用		
	支 払 利 息	1	
	有価証券評価損	1	2
	経 常 利 益		29
純損益計算	Ⅵ　特 別 利 益		
	固定資産売却益		13
	Ⅶ　特 別 損 失		
	為 替 損 失		2
	税引前当期純利益		40
	法 人 税 等		16
	当期純利益		24

（右側の区分：当期業績主義／包括主義）

CHAPTER 7　損益計算書（P/L ビー・エル）の構造を知る

　損益計算書は，このように本業の損益を計算する「**営業損益計算の区分**」，当期の経常的損益，つまり，普段の実力を示す「**経常損益計算の区分**」，包括主義による損益を計算する「**純損益計算の区分**」という3つの区分から構成されています。

　その企業の主たる営業活動の成果（本業の利益）を最初に示しておき，その損益に，営業外損益（主として財テク損益）を加減して，いったん，当期業績主義に基づく「経常利益」を計算表示します。ここまでが，**当期業績主義に基づく損益計算書**となっています。

　損益計算書は，いったん，**当期業績主義の利益**，つまり「経常利益」を計算・表示して，その後に，超期間的な損益や臨時異常な損益などを「特別利益・特別損失」という名称で記載し，「税引き前の当期純利益」を計算します。これから法人税等の税金を控除して，最終的に，株主にとっての利益である「当期純利益」を計算・表示します。

　ここまでが，**包括主義による損益計算書**です。このように，現在使われている損益計算書は，当期業績主義と包括主義をともに取り入れて作成されています。

　ところで，損益計算書を見ても，＋や－の記号がついていませんから，何と何を足すのか，何から何を引くのかわかりません。また，ところどころにアンダーラインが引いてあるのですが，それが引いてあるのとないのとで，どう違うのかもわかりません。

133

おおざっぱにいいますと,アンダーラインが引いてあるところは,足し算か引き算をします。収益や利益の項目なら加え,費用や損失なら引くのです。アンダーラインが引いてあってもその下に金額が書いてないところは,合計額を右に書く約束になっています。上で紹介した損益計算書を使って,どういう計算をするのかを示してみます。矢印（→）は,そこに計算結果を書くことを意味しています。

```
             損 益 計 算 書
 I  売 上 高                            100
 II 売 上 原 価
    1  商品期首棚卸高        10
    2  当期商品仕入高      (+) 54
    3  商品期末棚卸高      (−) 12  →  (−) 52
       売上総利益                       48
 III 販売費及び一般管理費
       販売手数料           4
       広告宣伝費         (+) 13
       給料・手当         (+) 10
       減価償却費         (+)  6  →  (−) 33
       営 業 利 益                       15
 IV 営業外収益
       受取利息             1
       受取配当金         (+) 15  →  (+) 16
 V  営業外費用
       支 払 利 息          1
       有価証券評価損     (+)  1  →  (−)  2
       経 常 利 益                       29
 VI 特 別 利 益
       固定資産売却益              (+) 13
 VII 特 別 損 失
       為 替 損 失                 (−)  2
       税引前当期純利益              40
       法 人 税 等                 (−) 16
       当期純利益                    24
```

12 損益計算書を読むコツ──活動量を示した損益計算書

　損益計算書は，フローの計算書です。企業の活動を量的に示しているといえます。

　最初に書いてある「**売上高**」は，**販売活動の量**を示しています。この金額を前年と比較したり，隣の会社や競争相手の売上高と比較すれば，去年より増えたとか，隣の会社より多いとかの情報が手に入ります。ただし，その売上げが質のいいものかどうかは，ここではわかりません。後の方で，「**売上げの質**」を見る方法を紹介します。

　営業外収益や**営業外費用**をみますと，この会社が資金の調達や運用（財テク）にどれだけ活動したかがわかります。

　さらに，損益計算書からは，**経営活動の成果**を読み取ることができます。経営の成果は，端的には利益の大きさで示されますが，今日の損益計算書は，**経営の成果を経営活動の種類別に計算・表示**しています。この話をつぎにします。

13　成果を計算する損益計算書

　企業活動には，**生産活動**，**販売活動**，**投資活動**，**管理活動**，**資金調達や資金運用活動**など，いろいろな種類があります。

　企業活動には必ずお金がついて回ります。活動量が増えれば，ついて回るお金も増えます。ですから，企業活動の量を知りたければ，お金の動きを見るとわかります。**活動量**は**時間**（労働の時間とか機械の稼働時間）で測ることもできますし，**生産数量**や**販売数量**（A製品が何個，B製品が何個）でも測れます。**電気の消費量**（何万キロワット）とか**ダイレクトメールの発送量**（何万通）とかでも活動の量は測れます。

　しかし，こうして測った活動量は，それぞれの単位（時間とか個数とかワット数）が違うので，お互いに比較したり，足したり引いたりすることはできません。さらに困ったことに，こうした物量単位で活動量を把握しても，その活動から生まれる純成果，つまり，利益の額を計算できないのです。

　そこで，企業は，**すべての活動を金額で測る**のです。販売数量ではなく売上高，電気の消費量ではなく電気代，ダイレクトメールの発送数量ではなく通信費のようにです。そうすることで，企業のいろいろな活動を，お互いに比較したり，足したり引いたり，損益を計算したりすることができるようになります。

　上に書いた各種の企業活動は，それぞれ金額で測定され，集計されて損益計算書に記載されます。それぞれの活動の量とその成果がどのように損益計算書において示されているかを次頁に図示しました。

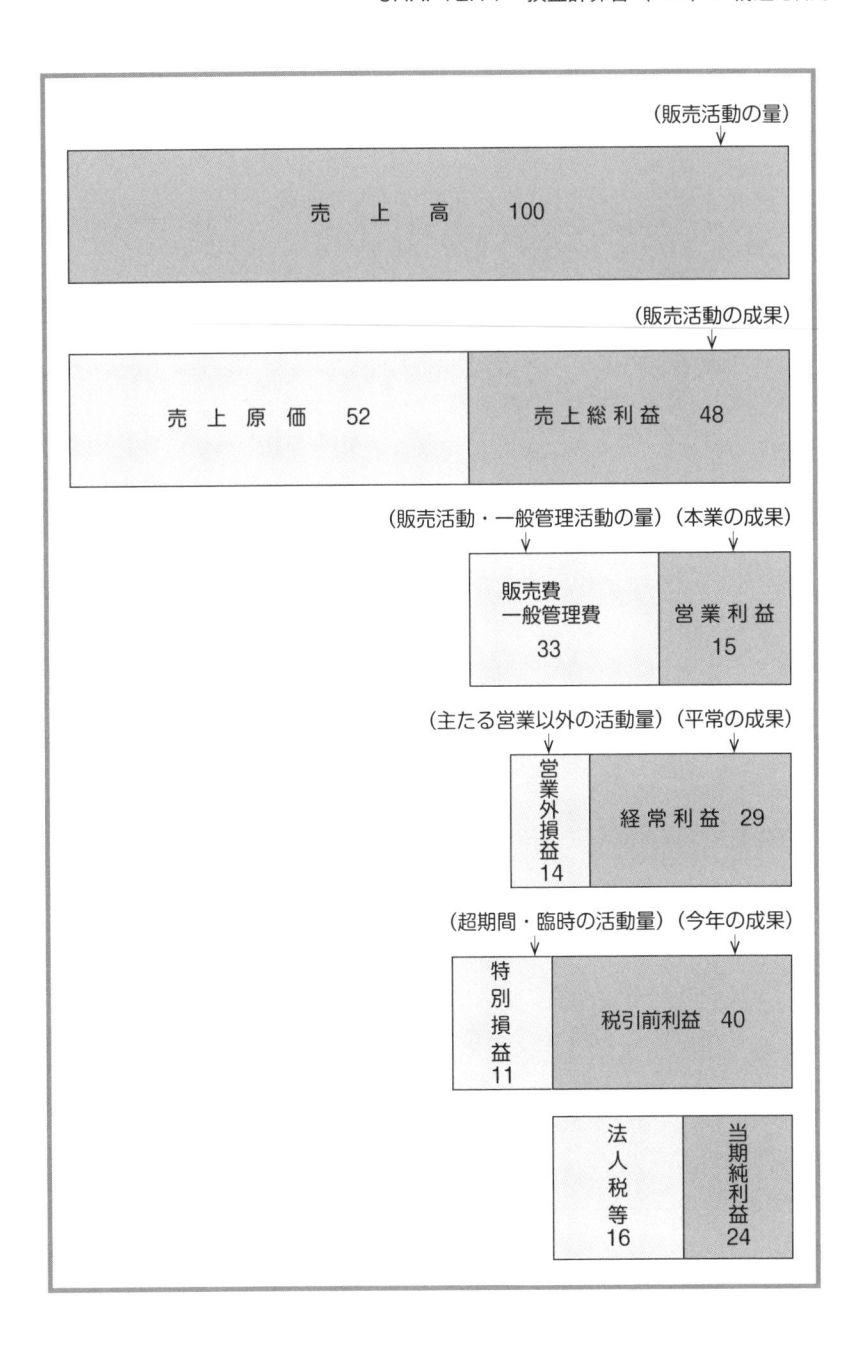

CHAPTER 7 損益計算書（P/L ビー・エル）の構造を知る

```
                                        （販売活動の量）
                                              ↓
┌──────────────────────────────────────────────────────┐
│              売 上 高    100                          │
└──────────────────────────────────────────────────────┘

                                      （販売活動の成果）
                                              ↓
┌─────────────────────┬────────────────────────────────┐
│   売 上 原 価  52    │     売 上 総 利 益    48       │
└─────────────────────┴────────────────────────────────┘

                （販売活動・一般管理活動の量）（本業の成果）
                              ↓                 ↓
                    ┌──────────────┬──────────────┐
                    │  販売費      │              │
                    │  一般管理費  │  営 業 利 益 │
                    │    33        │      15      │
                    └──────────────┴──────────────┘

                  （主たる営業以外の活動量）（平常の成果）
                          ↓                   ↓
                      ┌──────┬──────────────────┐
                      │営業外│                  │
                      │損益  │  経 常 利 益  29 │
                      │ 14   │                  │
                      └──────┴──────────────────┘

                  （超期間・臨時の活動量）（今年の成果）
                          ↓                   ↓
                      ┌──────┬──────────────────┐
                      │特別  │                  │
                      │損益  │  税引前利益  40  │
                      │ 11   │                  │
                      └──────┴──────────────────┘

                              ┌──────┬──────┐
                              │法人税│当期純│
                              │  等  │利益  │
                              │ 16   │ 24   │
                              └──────┴──────┘
```

137

14　利益は5種類もある

　前の頁の損益計算書（ピー・エル）を，もう一度見てください。右端には必ず，「○○利益」と書いてあります。上から順に，

売上総利益（＝粗利益）
営業利益（＝本業の利益）
経常利益（＝今年の通常の利益：今年の本業と財務活動の利益）
税引前当期純利益（＝今年のトータルな利益）
当期純利益（＝配当などに処分できる利益：株主にとっての利益）

でした。つまり，損益計算書に表示される利益には5つもの種類があるのです。それぞれの意味は，上に書いた通りです。

CHAPTER 8
貸借対照表（B/S ビー・エス）の構造を知る

1 貸借対照表（B/S）の役割
2 資産の分類
3 販売資産は営業循環基準
4 金融資産は1年基準（ワン・イヤー・ルール）
5 資産の評価
6 負債の分類と評価
7 資本の分類
8 株式会社の資本の分類
9 貸借対照表を読むコツ——ストック表としての貸借対照表
10 残高表としての貸借対照表

1 貸借対照表（B/S）の役割

　貸借対照表（B/S，ビー・エス）は，期末における「**財政状態**」あるいは「**財務状態**」を表示するものです。英語で財政状態のことを「financial position」といいます。finance という語は，古期のフランス語「(お金を払って) 事件を終わりにすること」という意味が起源だそうです。

　そういえばフランス映画の終わりには，「fin（ファン）」という文字がでてきます。その意味を込めていいますと，「financial position」は「事業活動の結果（結末）としての資金状況」ということです。

　期末における資金の状況は，貸借対照表の右側（貸方）が「**資金の調達源泉**」，左側（借方）が「**資金の運用形態**」として表示されます。つまり，貸方には，「負債」と「純資産」が記載されますが，それは，「誰が，いくらの資金を出しているか」を意味しています。「負債」なら，銀行や社債権者などが提供している資金ですし，「純資産」は，企業の所有者（株式会社なら株主）が出した資金です。借方には，「資産」が記載されますが，それは，「その資金をどういう資産で運用しているか」を示すものです。

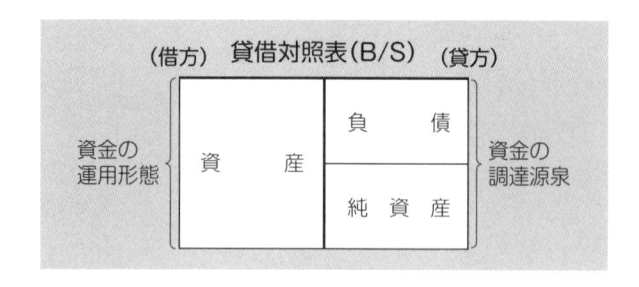

```
          (借方)  貸借対照表(B/S)  (貸方)
         ┌─────────┬─────────┐
         │         │   負  債   │
  資金の  │  資 産  ├─────────┤ 資金の
  運用形態 │         │  純 資 産  │ 調達源泉
         └─────────┴─────────┘
```

　もう少し詳しい貸借対照表をみてみます。

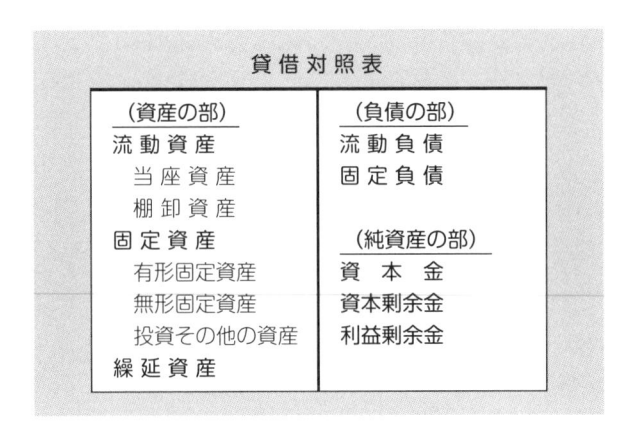

CHAPTER 8　貸借対照表（B/S）の構造を知る

```
             貸 借 対 照 表
    （資産の部）         （負債の部）
    流 動 資 産         流 動 負 債
      当 座 資 産        固 定 負 債
      棚 卸 資 産
    固 定 資 産         （純資産の部）
      有形固定資産        資 本 金
      無形固定資産        資本剰余金
      投資その他の資産     利益剰余金
    繰 延 資 産
```

　貸借対照表は，損益計算書に比べるとシンプルです。何と何を足したり引いたりという計算はありません。財産の有り高を表にしたものですから，いろいろな計算が終わった状態で数字が出てきます。

　ところが，よくみますと，資産の部も負債の部も，純資産（資本）の部も，いくつかに細分されています。これらの区分は，法律上の目的からの線引きであったり，**資金の流動性（支払能力）**や資産と負債のマッチングを判断できるように工夫されたものです。つぎに，そうした区分をみてみます。少し専門的な用語も出てきますが，しばらくおつき合いください。

2　資産の分類

　最初に，資産の話をします。(1)資産にはどういう**種類**があるか，(2)どういう基準で資産を**分類**するか，(3)資産にはどういう**金額**をつけるかという話です。

　企業が所有する資産は，先に掲げた貸借対照表（B/S）に表示したように，**流動資産**，**固定資産**，**繰延資産**の3つに区分されます。

141

最初のほうで，資産は，「もの」と「お金」と「請求権」だといいましたが，流動資産と固定資産は，すべて，この「もの」と「お金」と「権利（請求権より少し範囲が広い）」です。

この「もの，お金，権利」を流動資産と固定資産に分ける基準はつぎのようになっています。

3　販売資産は営業循環基準

つぎの図を見てください。企業活動に投下された資金は，最初は現金の形を取ります。この現金で商品や原材料などを購入し，その原材料を加工してできた製品や商品を販売して現金を回収します。こうした**現金からスタートして現金に戻ってくるサイクル**を**営業循環**といいます。

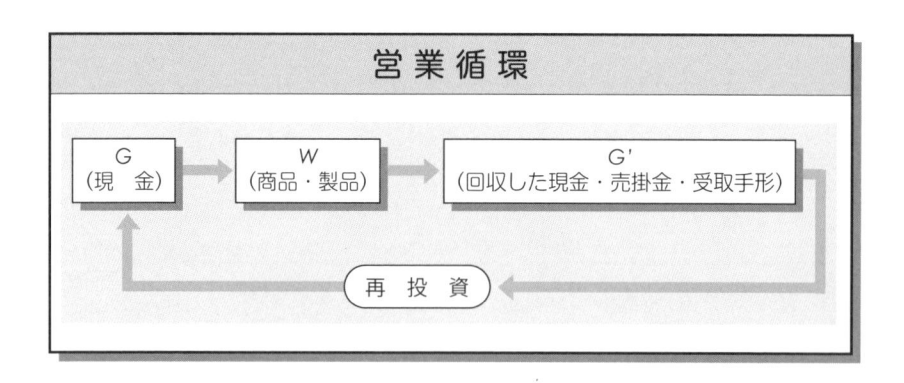

```
              営 業 循 環
  ┌─────────────────────────────────────────┐
  │   G        →    W       →    G'                    │
  │ (現 金)       (商品・製品)   (回収した現金・売掛金・受取手形) │
  │                                                     │
  │              ← 再 投 資 ←                           │
  └─────────────────────────────────────────┘
```

ふつう，現金をG，購入した商品などをW，販売して回収した資金をG'（記号はドイツ語の頭文字）で表します。G'（ジー・ダッシュ）は，最初のGに利益が付加されていることを意味しています。

CHAPTER 8　貸借対照表（B/S）の構造を知る

　こうした営業循環の過程にある資産は，現金へ変わろうとしている途中にあるので，「**流動性が高い**」といえます。この循環過程にない資産，たとえば，建物，備品，土地などは，販売する資産ではないので，「**固定性が高い**」といえます。

> ✂ **KEYWORD**
>
> 　**流動性**とは，現金か，現金に近い状態のことをいいます。「流動性が高い」というときは，現金に近いために何かの支払いや借金の返済に使えるということです。支払能力といういい方もします。
> 　逆に，「流動性が低い」ということは，現金にならないか，現金に変わるのに時間がかかる状態をいいます。これを「**固定性**」ということもあります。

　会社の本社が建っている土地や建物などを財源として負債を返済しようとしても，こうした固定性の高い資産は現金に換えるのが困難であったり，売れば会社がやっていけなくなったりしますから，何かの支払いや借金の返済には使えません。

　その点，現金はそのまま支払いに使えますし，商品や原材料は現金に変わりつつあるものですから，会社の負債を返済する財源とすることもできます。

　このように，営業循環にある資産は，現金か現金に近い状態にありますから，負債の返済に使えますが，この循環の過程に入っていない資産は流動性が低いことが多いのです。こうしたことから，**営業循環の過程に入っている資産は流動資産**（借金の返済にすぐに使える資産），入っていない資産は固定資産という分け方をします。こうして資産を区分するのが，**営業循環基準**です。

143

4　金融資産は1年基準（ワン・イヤー・ルール）

　銀行預金や貸付金，有価証券なども，上のような連鎖的な循環はしません。しかし，これらの資産の中には，すでに現金と同じ程度の流動性を持つものもあれば，有価証券のように短期日のうちに現金に換えることができるものもあります。

　そこでこうした資産の場合は，**1年以内に現金化するものを流動資産，1年を超えるものを固定資産**とするのです。こうした資産の分類基準を，**1年基準**とか**ワン・イヤー・ルール**といいます。

　以上のように，資産は，2つの基準で流動資産と固定資産に区分されます。流動資産は，「現金か，現金に変わりつつあるもの」，それと，「1年以内に現金に換えることができるもの」です。

　CHAPTER 1で，「黒字でも倒産する」とか「売れていても倒産する」という話を紹介しました。会社を経営していくには，売上げを伸ばしたり利益を上げたりすることも大事ですが，それ以上に，**資金繰り**が重要なのです。お金を返す約束の日に返せないと，たとえそれがわずかな金額であっても，会社は信用を失い，倒産してしまいます。

　ですから，会社を経営していく場合，あるいは，他の会社と取引する場合には，**資金繰りがうまくできているかどうか**，つまり，**負債をちゃんと返す能力があるかどうか**が重要なのです。2つもの基準を使って流動資産を区分するのは，この能力を計算・表示するためなのです。

CHAPTER 8　貸借対照表（B/S）の構造を知る

✂ KEYWORD	
営業循環の中にある資産	すべて流動資産です。たとえば、商品、製品、原材料、売掛金、受取手形などをいいます。
その他の資産	1年以内に現金化するものは流動資産です。たとえば、現金預金、貸付金、有価証券などをいいます。

5　資産の評価

　貸借対照表に記載する資産の金額を決めることを、「**資産の評価**」といいます。資産を評価する基準としては、おおきく分けてつぎの2つがあります。

資産の評価基準	
原　価　基　準	資産を買ったときの代金（原価）を取得原価といい、この金額で貸借対照表に記載するというのが、原価基準とか原価主義です。製品なら、作るのにいくらかかったかを意味します。
時　価　基　準	時価は、現在の価格とか現在の価値という意味です。これには、買ったらいくらという価格と、売ったらいくらという価格があります。前者は売却時価、後者は取替原価と呼ばれています。

　現在、わが国では、有価証券などの金融商品を除いて、資産は原価基準によって評価されます。原価で評価することを基本とする会計を、**原価主義会計**と呼びます（有価証券などの金融資産は、最近、時価で評価するようになりました）。

145

6 負債の分類と評価

　会社の資金は，その所有者である株主が出した部分と，銀行・保険会社などから借りたり，債券（社債）を発行して集めた部分があります。前者を**自己資本**または**株主資本**といい，後者を**他人資本**または**負債**といいます。

　負債の典型は，他人から借りた**借入金**や**社債**（自社が資金調達のために発行した社債）です。このほかにも，仕入れた商品の未払代金である**買掛金**，支払いを約束した手形の未決済分（**支払手形**）などもあります。

　負債は，資産と同様の基準を適用して，**流動負債**と**固定負債**に分類されます。営業循環のプロセスにある負債と支払期限が1年以内の負債は，流動負債とされます。こうした基準によって負債を分類すると，下図のようになります。

負債の分類

流動負債——営業循環にある負債と支払期限が1年内の負債
　　例　借入金，買掛金，支払手形，未払金，前受金など

固定負債——支払期限が1年を超える負債
　　例　社債，長期借入金，退職給付引当金など

　負債は，すべて，返済する金額あるいは支払う約束の金額で貸借対照表に書きます。

CHAPTER 8　貸借対照表（B/S）の構造を知る

7　資本の分類

資本というとき，資産の総額から負債の総額を差し引いた残額（**純資産**）を指すときと，貸借対照表の**貸方の総額**を指すときがあります。後者の場合の資本は，負債（他人資本）と自己資本（株主資本）を総称したものです。

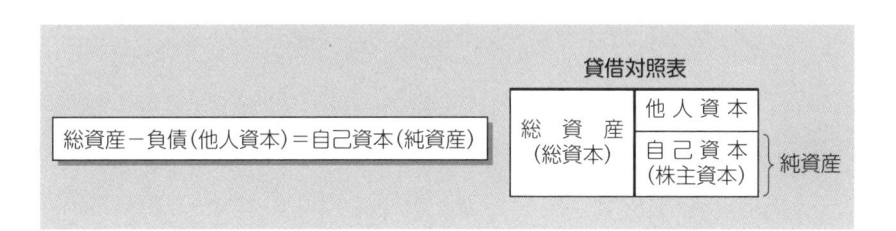

総資産－負債(他人資本)＝自己資本(純資産)	貸借対照表	
	総 資 産 （総資本）	他 人 資 本
		自 己 資 本 （株主資本）　｝純資産

8　株式会社の資本の分類

株式会社の資本は，つぎのように分類されます。

株主資本の分類

```
Ⅰ　資本金
Ⅱ　資本剰余金
　①　資本準備金
　②　その他資本剰余金
Ⅲ　利益剰余金
　③　利益準備金
　④　任意積立金
　⑤　繰越利益剰余金
```

147

会社を作るとき，**株主が払い込んだ資本**は，**資本金**と**株式払込剰余金**に分けられます。**資本金**は，会社が最低限維持すべき資本で，株式払込剰余金は，損失が資本金に食い込むことを避けるための，いわばクッションです。株主の資本を元手として稼いだ利益は，一部は株主に配当として支払われますが，残りの利益は会社に残されます。残された利益のことを，**留保利益**といいます。

　会社に残された利益は，つぎの企業活動にとっては資本と同じ働きをします。そこで，貸借対照表でも，留保利益を資本として扱います。これを示したのが，前頁図の「**利益剰余金**」です。

>　（注）　図表では，利益剰余金は3つに分けられています。最初の「**利益準備金**」は，会社法の規定により利益の一部を留保した部分です。2番目の「**任意積立金**」は，利益の一部を将来の計画のために取っておくことを決めた部分です。3番目の「**繰越利益剰余金**」は，つぎの株主総会で使い道を決める部分です。

9　貸借対照表を読むコツ——ストック表としての貸借対照表

　先に，貸借対照表の右側（貸方）が「**資金の調達源泉**」，左側（借方）が「**資金の運用形態**」だと書きました。つまり，貸方には，「**負債**」と「**純資産（資本）**」が記載されますが，それは，「**誰が，いくらの資金を出しているか**」を意味しています。「負債」なら，銀行や社債権者などが提供している資金ですし，「純資産（資本）」は，会社の所有者（株式会社なら株主）が出した資金です。

　借方（左側）には，「資産」が記載されますが，それは，「集めた資金をどういう資産で運用しているか」を示すものです。具体的には，現金でいくら所有し，商品をいくら購入し，いくらの土地を買って持っているか，また，銀行からの借金はいくらあるか，といったことが書いてあるのです。

10 残高表としての貸借対照表

　貸借対照表に積極的な意味を見い出そうとすれば，上のような解釈になるでしょう。しかし，現実の貸借対照表を観察しますと，多くの資産は資金の現状を示すとはいえませんし，負債も現在の債務額とは違う金額がついているものもあります。

　たとえば，土地をみてみましょう。貸借対照表に書いてある金額が100万円だとしても，現在の価値が1億円ということもあれば，逆に70万円の価値しかないということもあります。

　前に書きましたが，現在の会計は**原価主義会計**といって，資産を買ったときの金額（つまり，**投下資本の額**）で貸借対照表に記載します。ですから，貸借対照表に書いてある金額は**投下資本の未回収額**であって，現在の資金の状況を必ずしも表さないのです。

　それでも，貸借対照表の上の部分（流動資産の部と流動負債の部）は，現金に近いか営業循環の中にあるものですから，比較的現在の資金の状況を正確に表しています。

CHAPTER 9

会社は成長しているか

1 グラフ用紙(方眼紙)を使う
2 片対数グラフを使う

「大男、総身に知恵が回りかね」ともいい、また「小男の、知恵はあっても知れたもの」ともいいます。会社も大企業ともなれば小回りがきかなくなり、組織は硬直化、肥大化を招き、贅肉がつきます。**大企業病**が組織をむしばみ始めるのです。

中小規模の場合にはそうした心配はいりませんが、人材不足、カネ不足、ワンマン経営、権力集中、後継者難といった問題が山積みしています。

人間の場合は、いったん大男になった者は一生小男にはなれません。小男として成人した者は、大男のカッコ良さ、便利さをうらやむだけで、大男になることは夢の世界の話となります。

しかし、会社の場合はほんの少し事情が違います。大企業となったところは、大企業のまま朽ち果てるか、大幅に規模を縮小して生き長らえ起死回生を狙うか、営業の内容を全く変えて「復活」するか、のいずれかでしょう。石炭、鉄鋼、船舶、繊維といった、ひと昔前の花形産業の末路を見ればそのことがよく分かります。

御幸毛織という会社を知っていますか。この会社は最高級毛織のメーカーとして有名ですが、企業規模からいうと中規模（2012年度3月期、総資本179億円、売上高7.8億円、連結ベース）です。同社と同じ1918年（大正7年）に設立された**帝人**は、化繊・合繊の会社でしたが、創業直後から積極的に多角経営をすすめ、化粧品、石油、医療、教育、自動車販売などに幅広く手をのばしました。その後、1980年代に入って、繊維と医療、ＶＴＲフィルムなどの化成品を除いて、ほとんどの赤字事業から撤退し、同社は収益構造のリストラクチャリングに成功しています。

CHAPTER 9　会社は成長しているか

　帝人は，古い，成長の望めない繊維業界から，医薬を軸にした，全く新しい会社に再生しようとしているのです。2013年３月期現在，**帝人**は，総資本7,624億円，売上高7,456億円（連結ベース）で，**御幸毛織**の規模とは比較にならないくらい大きくなっています。

　御幸毛織と**帝人**とでは，成長の点で全く異質です。**御幸毛織**の製品は高級毛織物（たとえば，高級紳士服地のミユキテックス。大方のサラリーマンには一生縁のない高級品です）を扱うことから，市場はかなり限られてきます。大量生産によって生産コストを下げ，消費を拡大する，といった製品ではありません。したがって，同社の場合は成長のテンポがたいへん遅いのです。

　他方，**帝人**は，主力製品が大衆商品たる化繊・合繊であったこともあって，規模のメリット（**スケール・メリット**）を受けることができました。大規模になればなるほど，低価格の商品を市場に大量投入することができ，価格競争という面で有利になったのです。

　本章とつぎの章では，主として**成長段階にある会社の分析**について述べます。**安定期**に入った会社とは全く違った分析が必要になるからです。成長期にある会社は，バイタリティに富むあまり，しばしば無茶な冒険もします。花形企業が突然倒産したりするのも，こうした成長期の会社に多いのです。本章ではまず，会社の**成長の実態**を把握するための諸方法について述べ，次章では，そうした**成長の健全性**を判断するための手法について述べます。

1　グラフ用紙（方眼紙）を使う

　つぎの図表は，建売住宅や商業建築を展開する**D工業**の売上高と経常利益の推移です。

153

図表9－1　D工業の決算数値　　（単位：億円）

決算期	売上高	経常利益
第53期	3,865	222
第54期	4,622	324
第55期	5,577	440
第56期	6,642	632
第57期	8,021	893
第58期	8,819	905

　この決算数値の推移を，**普通グラフ（方眼紙）**の上に描いてみますと，つぎのような折れ線グラフか棒グラフになるでしょう。

図表9－2　普通グラフによる売上高と経常利益の推移（D工業）

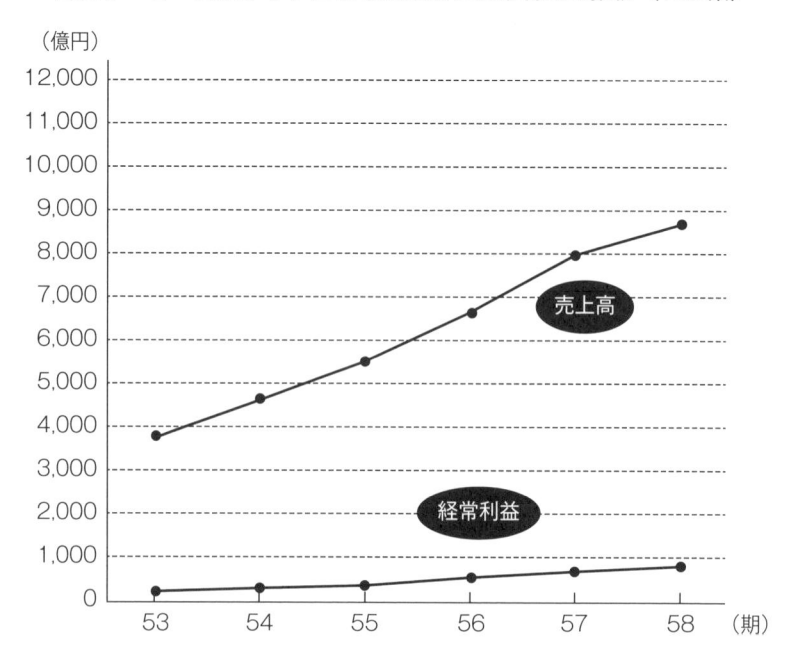

CHAPTER 9　会社は成長しているか

　このグラフでみる限り，D工業はこの6年間ほど順調に売上げを伸ばしましたが，その間，経常利益はあまり成長がなかったかのような印象を受けるでしょう。

　しかし，この6年間における売上高と経常利益の**伸び率**を計算してみますと，決してそうではないことが分かります。第53期と第58期の売上高と経常利益の成長性（何倍になったか）を計算してみましょう。売上高が2.28倍になったのに比べて，経常利益は4倍以上に成長しているのです。図表9－2からは，こうした実態を読むことはできません。

図表9－3　D工業の売上高と経常利益の成長性（単位：億円）

	第53期	第58期	成長性（倍）
売上高	3,865	8,819	2.28倍
経常利益	222	905	4.08倍

　つぎの図表は，もう少し詳しく，各期の**成長率**（前期に比べて何％成長したか）を計算したものです。

図表9－4　D工業の成長率

決算期	売上高（億円）	成長率（％）	経常利益（億円）	成長率（％）
第53期	3,865	—	222	—
第54期	4,622	19.5	324	45.9
第55期	5,577	20.6	440	35.8
第56期	6,642	19.0	632	43.6
第57期	8,021	20.7	893	41.2
第58期	8,819	9.9	905	13.4

グラフで見ますと，売上高は急成長していますが，経常利益は横ばい状態に見えます。しかし，成長率を計算してみるとわかりますが，実は経常利益のほうがはるかに急成長しているのです。

　折れ線グラフから受ける印象と比率でみた成長性との間に，かなり大きなギャップがあることに気付くでしょう。どうしてこうした印象の差が生じるのか，つぎに数字を使って説明しましょう。

　つぎの図表の数字は，A社とB社の5年間にわたる売上高の推移です。いま両社の売上高の変化を，普通グラフ（方眼紙。縦軸と横軸に等分に目盛りがつけられたグラフ）で表わすと次頁のようになります。

図表9－5　A社とB社の売上高

年度	A 社	B 社
1	1,250億円	3,520億円
2	1,625	4,576
3	2,112	5,948
4	2,746	7,733
5	3,570	9,980

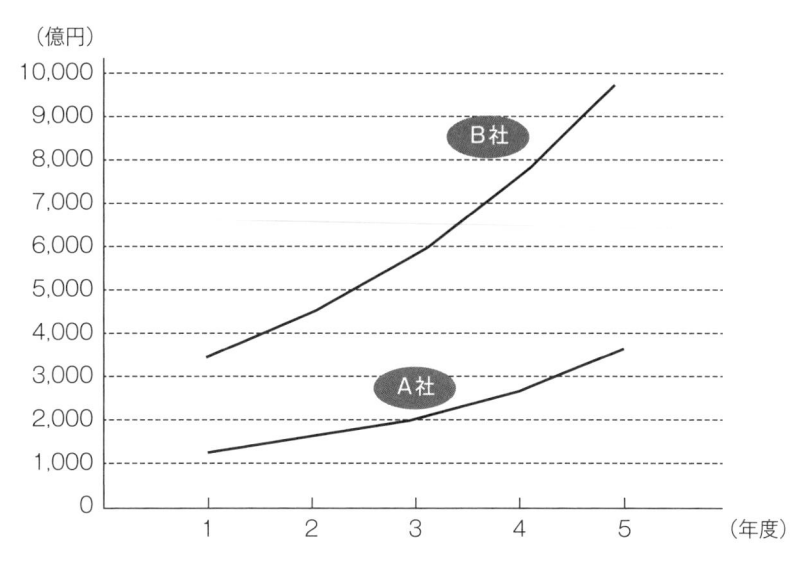

CHAPTER 9 会社は成長しているか

図表9－6 普通グラフによる成長の表示

(億円)
```
10,000
 9,000
 8,000              B社
 7,000
 6,000
 5,000
 4,000
 3,000      A社
 2,000
 1,000
     0
        1    2    3    4    5  (年度)
```

　グラフからはA社とB社を比較した場合，B社のほうがはるかに急成長しているようにみえます。しかし，A，B両社の売上高の成長率はあまり違いません。実はこの数字は，A，B両社とも毎年30％ずつ売上高が伸びているように設定してあります。それが，普通グラフに表わすと，基準年度（第1年度）の金額の大きいほう（B社）が，金額の小さいほう（A社）よりも急成長しているように表現されるのです。

　なぜ，こんなことになるのでしょうか。それは，**普通グラフは絶対額の変化**を表わすことはできるのですが，**伸び率**（**変化率**）を表わすのには適さないからなのです。

　もう少しわかりやすい数字を使って説明しましょう。つぎの図表は，ある数字を2倍にしたものです。1の2倍は2，2の2倍は4です。

157

図表9－7

元の数	2倍の数
1	2
2	4
3	6
4	8

　いま，元の数を出発点（1期目）として，2倍にした数（2期目）がどういう傾きになるかを見てみましょう。

図表9－8　普通グラフによる表示

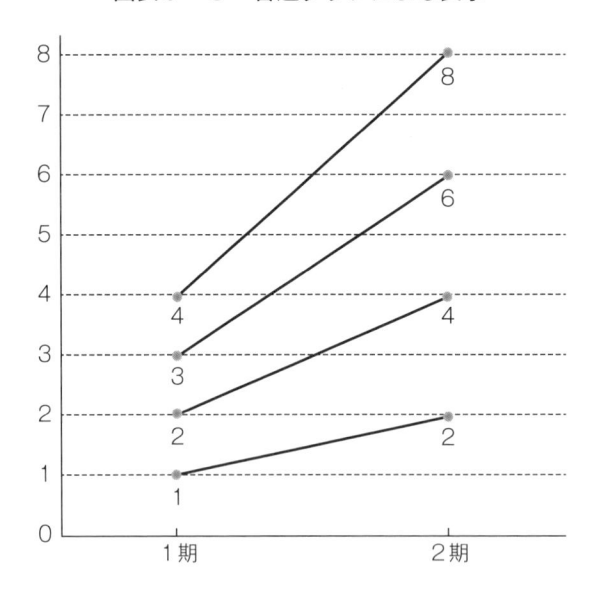

CHAPTER 9　会社は成長しているか

2　片対数グラフを使う

　上のグラフからわかりますように，普通グラフでは，基準の年度（1期目）の金額が大きいほうが，金額の小さいほうよりも，急勾配になるのです。ですから，同じグラフ用紙の上で，2つの会社を比較したり，売上高と経常利益を比較しても，正しい比較はできません。

　それではどうしたら正しい比較ができるようになるでしょうか。少し大きい文房具店か理工系の学部がある大学の生協や購買部に行きますと，「**片対数グラフ**」という，ちょっと変わったグラフ用紙を売っています。これを使いますと，上に紹介したような誤解を避けることができます。

　片対数グラフは，次頁に示しますように，横軸は等間隔の**算術目盛**ですが，縦軸を**対数目盛**にしたものです。このグラフは，倍率が同じなら単位が違う数値の変化でも，同じ傾きとなって表わされます。

図表9-9 片対数グラフ

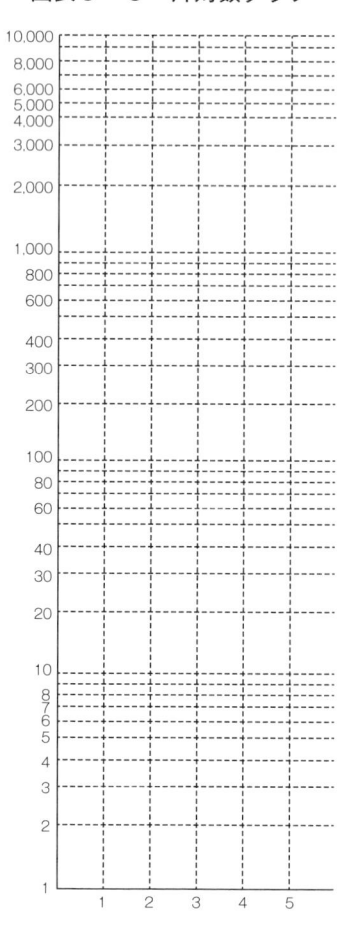

　縦軸の対数目盛は，原点を1としても10としても，100としてもよいのです。グラフ化する数値の大きさによって原点の値を決めればよいのです。目盛が1つ上がるごとに1，2，3，4，あるいは10，20，30，40，のように2倍，3倍と目盛の数字が変化し，位取りが変わるとそこからあらためて2倍，3倍となります。図の目盛りのように，1，2，3……10，となると，つぎからは20，30，40，のように変化します。

CHAPTER 9　会社は成長しているか

　上記のA，B両社の売上高の変化を片対数グラフで示してみます。このグラフを使うとA，B両社とも売上高の増加傾向が同じであることがひとめで分かります。

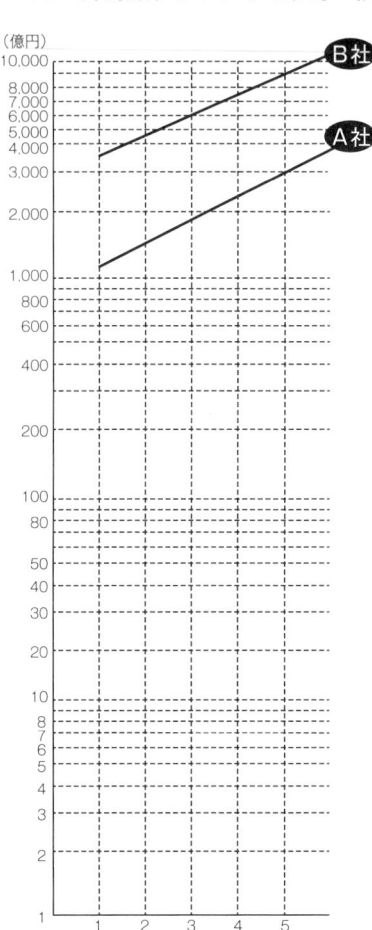

図表9－10　片対数グラフによる表示（売上高）

また，普通グラフは，ケタが大きく異なる２つの時系列データを比較するのにも適しません。たとえば，前出のＤ工業の売上高と経常利益の変化を１つのグラフに表わすとすれば，図表９－２のようなグラフ（前出）を作るのが普通でしょう。棒グラフであっても折れ線グラフであってもよいでしょう。しかし，よほどグラフを縦長に作らない限り，２つの数値（一方は数千億円から１兆円，他方は数百億円）は１つのグラフの中に収まりません。

　このグラフは，２つのグラフ（売上高のグラフと経常利益のグラフ）だとみれば誤解は生じないのですが，２つの時系列データの間に**相関関係**（たとえば，売上高と経常利益の成長速度に一定の関係があるかどうか）を求めようとすると誤った結論を引き出しかねません。Ｄ工業のグラフは，売上高が大きく変化しているのに対し，経常利益はほとんど変化していない印象を与えます。しかし，実際に比率を計算してみますと，グラフから受ける印象と全く違うのです。

　Ｄ工業の上掲グラフを，片対数グラフに作り直すと次頁のようになります。これで見ると売上高の増減よりも経常利益の増減のほうが大きいことがひとめで読み取れます。普通グラフとの違いをもう一度見てください。

　もっとも，普通グラフが比率の変化を示すのに適さないという性格をうまく利用して，自分にとって都合のいいグラフを作ることができますし，世にそうしたグラフは掃いて捨てるほどあります。

CHAPTER 9 会社は成長しているか

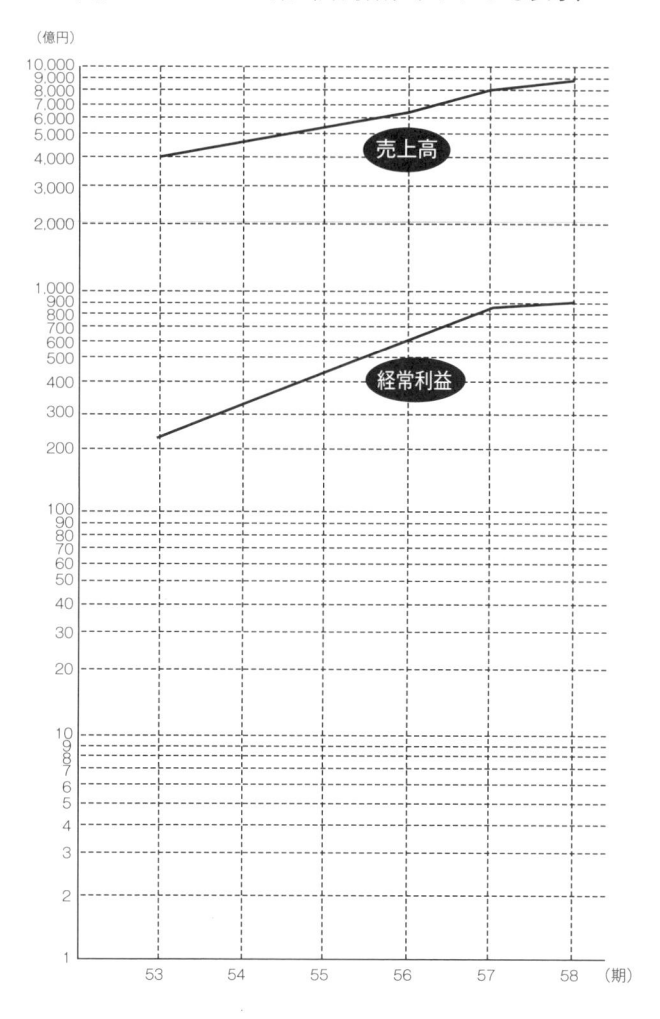

図表9-11 D工業(片対数グラフによる表示)

CHAPTER 10

会社の成長に無理はないか

1　成長性比較グラフ
2　増減（増分）分析

前のCHAPTERでは，会社の**成長性**を正しく把握するための方法として，**片対数グラフ**の使い方を学びました。しかし，会社の売上高が順調に伸びていても，その売上げの増加がほとんど掛売り（後払い）の結果であったり，あるいは利益（もうけ）を度外視したシェア拡大政策の結果であったりする場合には，売上高増加はいずれあちこちに悪い影響を及ぼすでしょう。

　また，売上げが急増しているにもかかわらず，生産設備や人員は従来のままというのであれば，しばらくの間は高い利益を上げることができますが，近い将来，必ずや破綻を招くでしょう。

　そこで，CHAPTER 10 では，会社の**成長性**（とくに**売上高の増加**）がどの程度健全であるかを判断するための幾つかの手法を紹介します。

1　成長性比較グラフ

　企業の成長を端的に表わすのは，①**売上げ**，②**総資本**，③**経常利益**，および④**従業員数**，の増加です。この4つの増加・減少のバランスがその企業の成長または規模縮小の健全・不健全を表わすといってよいでしょう。

　売上げは急速に増加しているのに経常利益は減少傾向にある場合や，売上げは伸びていないのに総資本や従業員数が上昇している場合，余剰人員を削減したにもかかわらず経常利益の増加がない場合，こうしたケースでは決して健全な成長は望めません。

　上の4つの項目が，前期に比べてどれだけ増減したか（**成長率**）を，1つのグラフにまとめるための図表が図表10－1と10－2です。2つのグラフは形が違いますが，同じように使います。

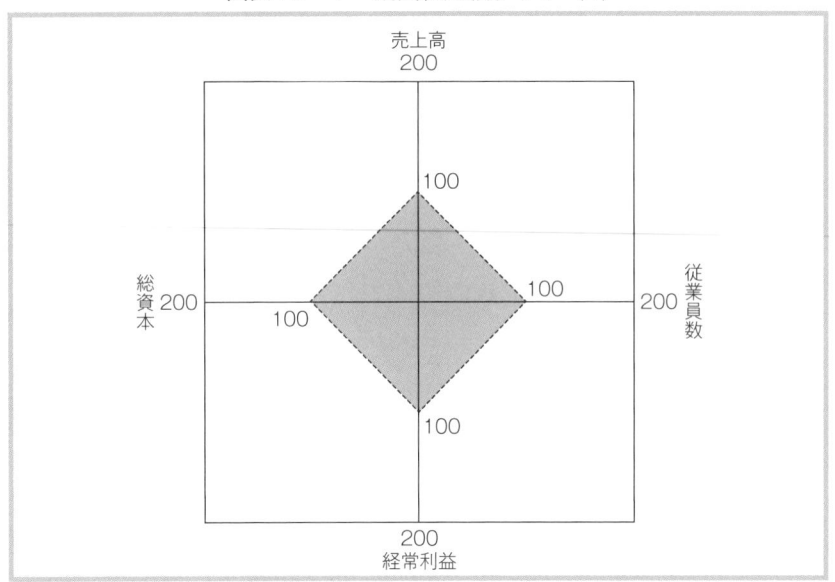

CHAPTER 10　会社の成長に無理はないか

図表10－1　成長性比較グラフ（1）

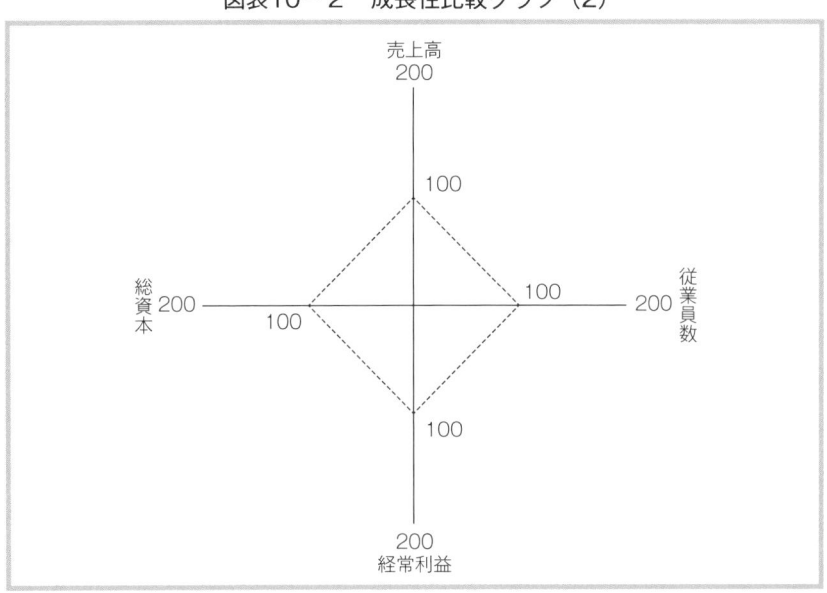

図表10－2　成長性比較グラフ（2）

図表10-3は，**ユニクロ**を経営する**ファーストリテイリング**の2001年8月期と2008年8月期のデータです。この会社がこの7年間に，売上高，経常利益，総資本，従業員数からみてどれだけ成長したかはこの計算で分かりますが，これを図表10-4のように**成長性比較グラフ**に作り直してみると，ひとめでどれがどれだけ成長したかが分かります。

図表10-3　ファーストリテイリング

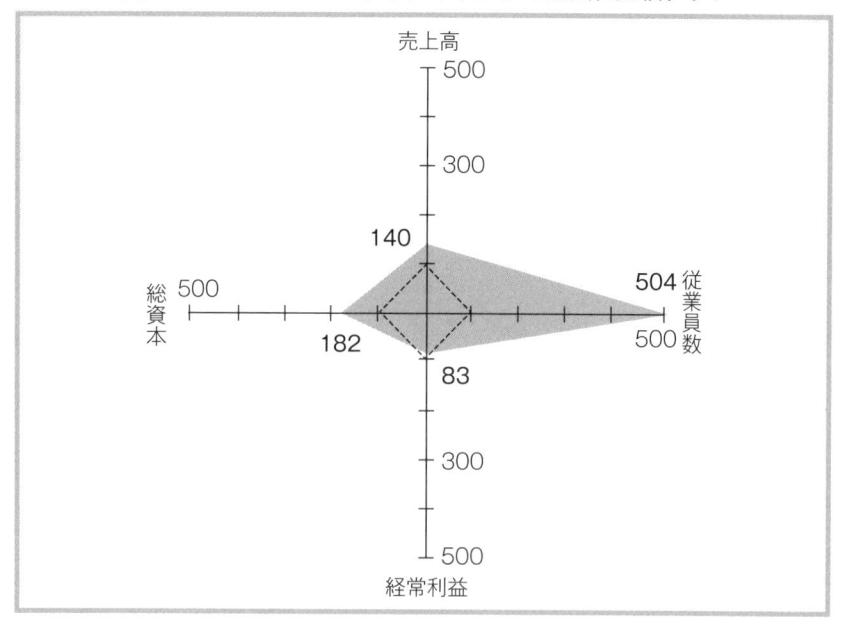

	売上高	経常利益	総資本	従業員数
01年8月期	4,185億円	1,032億円	2,534億円	1,598名
08年8月期	5,864	856	4,629	8,054
成　長　率	40.1%	－17.0%	82.6%	404%

図表10-4　ファーストリテイリングの成長性比較グラフ

CHAPTER 10　会社の成長に無理はないか

　図表10-5および図表10-6は，赤字転落直前の，衣料メーカーD社のデータです。ここでは，20×1年7月期から20×4年7月期までの3年間の変化が対象となっています。

図表10-5　D社のデータ

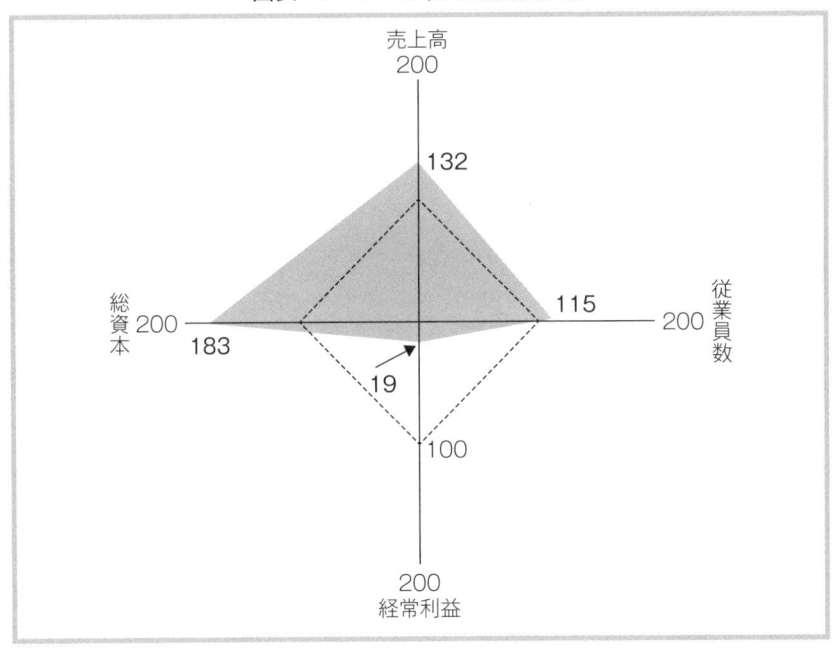

	売上高	経常利益	総資本	従業員数
20×1年7月期	794億円	64億円	575億円	1,139名
20×4年7月期	1,054	12	1,053	1,318
成長率	32%	−81%	83%	15%

図表10-6　D社の成長性比較

（売上高 200：132／総資本 200：183／従業員数 200：115／経常利益 200：19／基準 100）

D社はたしかにこの３年間に売上げを伸ばしていますが，それはかなり無理をした売上げであったことが経常利益の大幅減少から読み取れます。この３年間で総資本が83％も増えていますが，その内容は，受取手形・売掛金（20×1年の264億円から20×4年の523億円と倍増），製品・商品（20×1年は120億円，20×4年は220億円，83％増）の増加です。

　受取手形・売掛金の異常な増加は，売れもしない商品を無理やり卸・小売商に押しつけた結果であり，製品・商品の増加は，その押しつけた商品が返品されてきたものです。したがって，この２つの数値の増加分約360億円の大部分は**不良在庫**とみてよいでしょう。

　D社の例からも明らかなように，売上げが伸びたからといって単純に喜ぶことはできません。その**売上高の増加**が，現金を対価としているのか，掛売りなのか，十分な利益の見込まれる売上げなのか，赤字覚悟の安売りなのか，自然な需要増によるものなのか，自社の販売努力が効果を上げたものなのか，といった質的なものも考慮する必要があります。

　上に紹介した成長性比較グラフを若干手直しして，図表10－7のようにデータを入れ替えることで問題点を発見することができます。

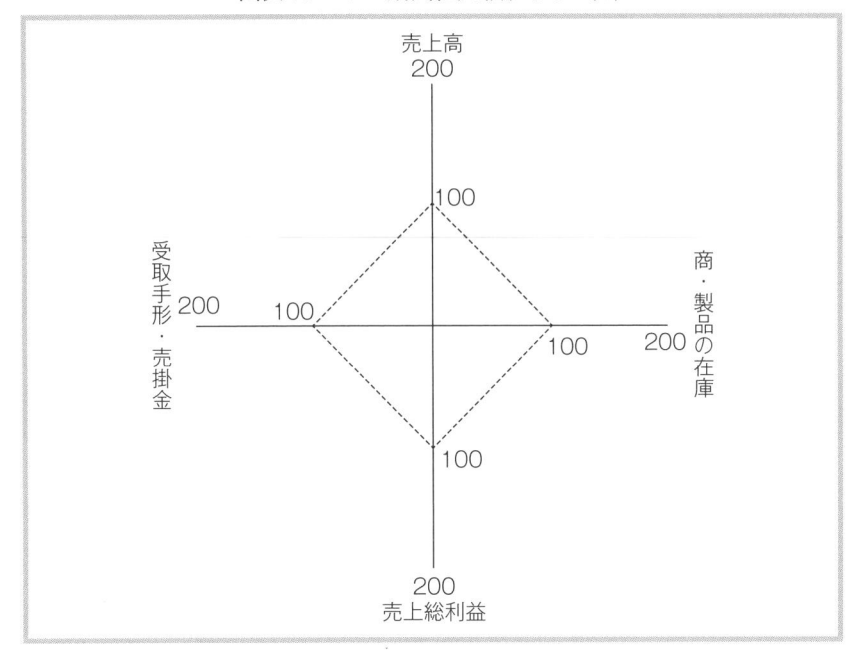

CHAPTER 10 会社の成長に無理はないか

図表10－7　成長性比較グラフ（3）

```
                   売上高
                    200

                   │100
                    │
              ╱ ╲  │  ╱ ╲
受           ╱   ╲ │ ╱   ╲           商
取          ╱     ╲│╱     ╲          ・
手 200   100      ╳      100    200 製
形          ╲     ╱│╲     ╱          品
・          ╲   ╱ │ ╲   ╱           の
売           ╲ ╱  │  ╲ ╱            在
掛            ╳   │   ╳             庫
金           ╱ ╲  │  ╱ ╲
                   │100
                    │
                    200
                  売上総利益
```

　D社のデータを入れ替えたのが図表10－8で，それを使ってグラフを描いたのが図表10－9です。

図表10－8　D社のデータ

	売上高	売上総利益	受手・売掛金	在　庫
20×1年7月期	794億円	197億円	264億円	120億円
20×4年7月期	1,054	225	523	220
成長率	32%	14%	98%	83%

171

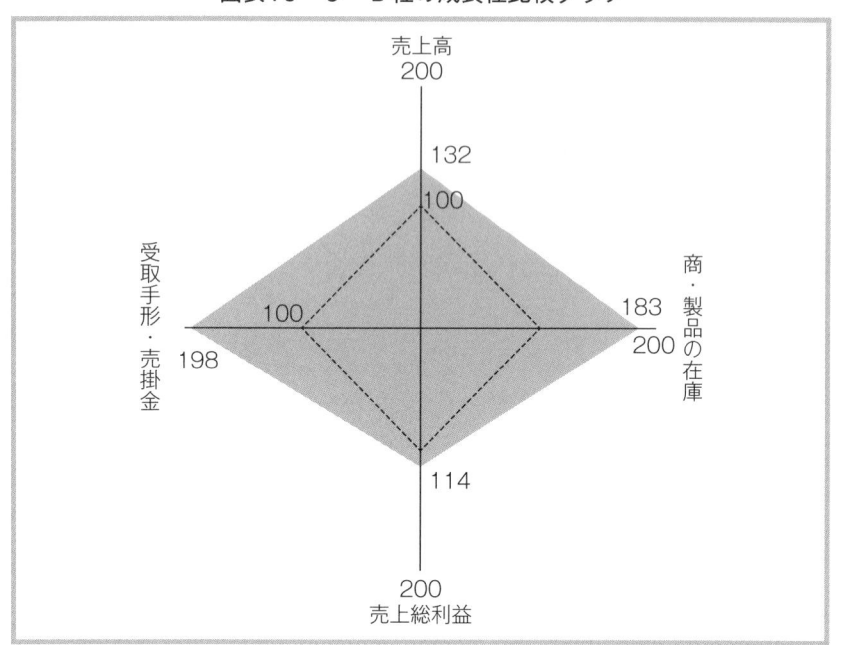

図表10－9　D社の成長性比較グラフ

```
              売上高
               200
                │
               132
               100
受取              │              商
手形   100       │              ・
・  ┼───────────┼───────────┼  製
売   198        │        183    品
掛              │        200    の
金              │              在
               114             庫
                │
               200
              売上総利益
```

　このグラフ（図表10－9）は，**上下の成長は歓迎すべき材料，左右の伸びは**（上下の伸びより大きいときは）**歓迎できない材料**，というように読みます。D社は売上げの増加の割に売上総利益（商品売買益）が伸びておらず，**利益なき売上増加**に走ったことが一目で分かります。しかしその売上げも，この図の左右の伸びをみれば，実に不健全で，いずれ代金の回収において泣きを見るか，返品の山と暮すことになることは明瞭です。

2 増減(増分)分析

　会社成長の健全性をもう少し詳しく分析する方法もあります。それをつぎに紹介しましょう。増減(増分)分析といいます。これは，過去のある数値(たとえば売上高と経常利益)が，当期において金額的にどれだけ伸びたかを計算し，その増加額同士を比較するものです。

　最初に，売上高利益率と資本利益率を紹介します。

$$売上高利益率 = \frac{利益}{売上高} \times 100(\%)$$

　売上高利益率は，100円売るたびに何円の利益が上がるかを計算するものです。この割合が高いほどその企業の収益性がよいということになりますが，ただし，もう1つ条件があります。それは元手(資本)の大きさ，または資本の回転です。

　たとえば，A社もB社も今期は8,000万円の売上げがあって経常利益は800万円であったとしましょう。この限りでは，A，B両社の収益性は同じようにみえます。

$$A社の売上高利益率 = \frac{経常利益800万円}{売上高8,000万円} = 10\%$$

$$B社の売上高利益率 = \frac{経常利益800万円}{売上高8,000万円} = 10\%$$

しかし，A社はこの事業を行うために1億円の資金を投入したのに対し，B社は1,000万円しか資本を使っていないとしたらどうでしょうか。

　銀行に預金したときの利率は，

$$利率 = \frac{利息}{元金} \times 100 (\%)$$

で計算しますが，これと同じように企業へ投下した資本もその効率をみるには，

$$資本の効率 = \frac{利益}{資本} \times 100 (\%)$$

という計算をします。これを**資本利益率**と呼びますが，中味は銀行の預金利子率と同じです。上の例では，A社は1億円の元手で800万円の利益ですから，資本利益率は，

$$A社の資本利益率 = \frac{800}{10,000} \times 100 = 8 \%$$

となります。銀行へ年利8％で預金したのと同じです。

　B社は，元手が1,000万円で800万円の利益を上げたのですから，

CHAPTER 10 会社の成長に無理はないか

$$\text{B社の資本利益率} = \frac{800}{1,000} \times 100 = 80\%$$

となります。年利80％の預金などはありませんが，事業を営む場合はありうるのです。

このように企業の収益性を見るのには，**売上高100円の中に十分な利益が含まれているかどうか**と，**資本の大きさに見合った売上高があるかどうか**，を検討しなければなりません。この２つを同時に検討するために，しばしばつぎのような算式が使われます（この算式は，後で詳しく述べるように，資本利益率を分解したものです）。

$$\underset{(\text{資本利益率})}{\frac{\text{利 益}}{\text{資 本}}} = \underset{\substack{(\text{売上高利益率}) \\ \%}}{\frac{\text{利 益}}{\text{売上高}}} \times \underset{\substack{(\text{資本回転率}) \\ \text{回または倍}}}{\frac{\text{売上高}}{\text{資 本}}}$$

資本利益率は，元手とする資本が何％の利益を生み出したかを見るもので，他の企業の比率や銀行預金等の利率と比較し，投資対象の良し悪しを全体的に眺めるための「ものさし」として使われます。

この比率を右辺のように書き直すと，100円の売上げに何円の利益が含まれるか（**売上高利益率**）と，資本の何倍の売上げを上げたか（**資本回転率**）が分かります。左辺だけでは，単に資本の効率が良いか悪いか，他と比べて高いか低いかしか分かりませんが，右辺をみると，比率の高い理由，低い原因が読み取れるのです。

175

この算式を使って，もう１つ増減分析をしてみましょう。図表10-10は，**K食品株式会社**のデータです。

図表10-10　K食品の業績

期	売上高	経常利益	総資本
20×4年３月期	3,346億円	154億円	2,274億円
20×9年３月期	4,126	176	3,108
増減額	780	25	834
増減率	23.3%	16.2%	36.6%

K食品の場合，20×4年度に比べて20×9年度は売上げを23.3％伸ばしましたが，利益は16.2％しか増えていません。

同社はこの間，総資本を834億円増やしています。この資本増加の効率はどうでしょうか。上と同様に，20×4年度の**資本回転率**（回転ということばにまどわされないように。ここでは，単に使用した資本でその何倍の売上げを上げたかという意味でしかない）と，増加した資本と売上高の関係を計算してみましょう。

$$20\times 4 \text{年度の資本回転率} = \frac{\text{売上高} 3{,}346}{\text{総資本} 2{,}274} = 1.47 (倍，または回)$$

$$20\times 9 \text{年度の増加した資本回転率} = \frac{780(億円)}{834(億円)} \times 100 = 0.93 (倍)$$

この計算から，資本の増加分は売上げの増加に十分に貢献していないことが分かります。

CHAPTER 10 会社の成長に無理はないか

　ただし，売上げの増加は，新規の投資だけを原因とするわけではありません。上にみたように，K社はこの間，利益を薄くして（犠牲にして）売上げを伸ばしているのですから，新規の投資と薄利多売政策によって売上げを伸ばしたといってよいでしょう。20×4年度と20×9年度の売上高利益率は，結局，つぎのようになります。

$$20\times4\text{年度の売上高利益率} = \frac{154(億円)}{3,346(億円)} \times 100 = 4.6(\%)$$

$$20\times9\text{年度の売上高利益率} = \frac{179(億円)}{4,126(億円)} \times 100 = 4.3(\%)$$

この増減分析は，
・売上げの増加と売上債権（売掛金・受取手形）の増加が比例しているかどうか
・広告費または設備の増加が売上げの伸びに結びついているかどうか
・売上げの増加と賃金・給料の増加に相関関係があるかどうか
・在庫の増加は売上水準の上昇によるものかどうか

などを検討するのにも有効です。

　図表10-11のデータは，上で紹介した衣料メーカーのD社が最高の売上高（1,128億円）を記録した20×8年7月期およびその2年前の20×6年7月期のものです。

図表10-11　衣料メーカーD社

年　度	売上高	売上債権	仕入債務
20×6年7月期	794億円	264億円	216億円
20×8年7月期	1,128	489	323
増（減）額	334	225	107

この２年間で売上高は42％の増加をみました。20×6年度は大雑把にいって，売上げの33％（264÷794）が掛売りでした。ところが20×8年はそれが43％（489÷1,128）に急上昇するのです。売上げが増えた分の実に67％（225÷334）が掛売りされた結果です。

　これは，**資金繰り**を全く無視したものです。その結果，仕入債務（買掛金，支払手形）の急増を招くことになりました。D社の製造原価（仕入原価）は，売価の75％程度です（20×6年75.14％，20×7年75.08％，20×8年75.73％）。つまり，75円で作ったものを100円で売っているのです。当社の商品は，約半分（金額で見て）は他の企業から仕入れ，残り半分を自製しています。

　そのため大雑把なことしかいえませんが，20×6年の売上原価595億円（794×0.75）と仕入債務216億円の関係を見ると，仕入れたり作ったりしている商・製品の代金のうち，36％は掛になっている（まだ支払っていない）状態です。ところが20×8年でみると，商・製品の代金（1,128×0.75＝846億円）のうち掛になっているのは38％（323÷846）と，わずか２ポイント上っただけです。

　ただし，売上増加分に対応する仕入債務の増加で見ると，**掛仕入率**は42％となります。D社の場合，仕入先に泣いてもらったのではなく，得意先に無理やり買わせたのです。以上の計算から，そうした事実を容易に推理することができます。

CHAPTER 11
会社は収益性の高い事業をしているか

1　「もうかりまっか」
2　「もうかりまっか」を数字で表せば
3　総資本利益率は経営者にとっての利益率
4　自己資本利益率は株主にとっての利益率
5　もうけはどうやって計算するのか
6　ROEとROAを分解してみよう
7　売上げの質を見る

1 「もうかりまっか」

　関西商人のあいさつは,「もうかりまっか」で始まるといいます。「もうかりまっか」というのは,単純に利益が大きいかどうかを訊いているのではなさそうです。**小さな元手で,大きなもうけ**を上げているかどうかも訊いているのです。

　「もうかりまっか」と声をかけますと,「あきまへんなぁ」とか「ボチボチですわ」とか,まれには「おかげさんで…」といった返事が返ってくるそうです。返事の仕方や表情を見ますと,どれくらいもうかっているのか,関西の商人同士ならわかるようです。

2 「もうかりまっか」を数字で表せば

　この「もうかりまっか」に対する返事を,計数的に捉えようとするのが,「**資本利益率**」というものです。

　元手をどれだけ使って,どれだけの利益を上げたかをパーセンテージで示すものです。**資本の効率**といってよいでしょう。

$$資本利益率 = \frac{利益}{資本} \times 100 (\%)$$

　この計算は,預金や貯金の利息を計算するのと同じです。

CHAPTER 11　会社は収益性の高い事業をしているか

$$金利 = \frac{利息}{元本} \times 100\ (\%)$$

資本ということばは，いろいろな意味で使われます。経済学では，資本財などといって固定設備を表していますし，基金や資金の意味で使われることもあります。

会計で「資本」というときは，「モノ」ではなく，「金額」を意味します。会社の資金は，大きく分けて，会社の所有者である株主と，会社にお金を貸している債権者が出しています。株主が出した資金を「**自己資本**」あるいは「**株主資本**」と呼び，債権者が出している資金を「**他人資本**」と呼びます。

会社の所有者から見れば，自分が出した資金は「自己資本」であり，債権者のような他人が出した資金は「他人資本」なのです。

会社の貸借対照表には，左側に所有する財産を，右側に財産を手に入れるための資金の出所が書かれています。右側には，資本を誰が出したかが書かれているのです。

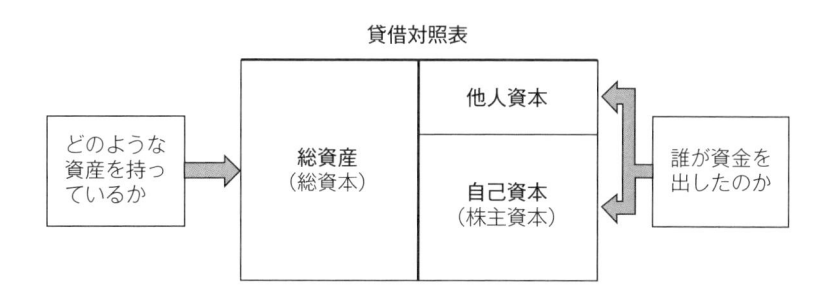

貸借対照表

どのような資産を持っているか	総資産 (総資本)	他人資本	誰が資金を出したのか
		自己資本 (株主資本)	

3　総資本利益率は経営者にとっての利益率

　他人資本と自己資本を合計した金額が,「**総資本**」と呼ばれます。この金額は, 会社が持っているすべての財産と金額的に同じですから,「**総資産**」の金額と一致します。

　20×9年度において, A社は, 6,065億円の総資本を使って, 520億円の利益（経常利益）を上げました。

$$総資本利益率 = \frac{利\ 益}{総資本} = \frac{520（億円）}{6,065（億円）} = 8.75（\%）$$

同じ期間, B社は, 総資本が2,451億円, 利益が76億円でした。

$$総資本利益率 = \frac{利\ 益}{総資本} = \frac{76（億円）}{2,451（億円）} = 3.10（\%）$$

　総資本利益率は, 株主が出した資本と借金（他人資本）を元手として, どれだけの利益を上げたかを, パーセンテージで示したものです。平易なことばで表現しますと, 100円を元手として, 1年間に何円のもうけがあったかを示すのです。

　A社は, 資本100円について, 1年間に8.57円, B社は3.10円の利益を上げたことになります。

CHAPTER 11　会社は収益性の高い事業をしているか

　経営者にしてみますと，株主が出した資本も銀行や保険会社などから借りた他人資本も，同じ資本です。みなさんが買い物に出かけたとき，財布の中に入っている1万円札が，自分のお金なのか友人から借りたお金なのかは関係なく支払いをするでしょう。経営者も，株主の資本なのか銀行などからの借入金なのかを問わず，同じ資金として経営に使うのです。

　そうした意味では，**総資本利益率は，経営者にとっての利益率**ということができます。**経営者の総合的な収益獲得能力を見る指標**ともいえます。

■ 4　自己資本利益率は株主にとっての利益率

　これとは別に，**株主にとっての利益率**を計算することもできます。この場合は，資本として**株主資本（自己資本）**を使い，また，利益としては税金を払った後に残る額，「税引き利益」を使います。株主にとって一番関心があるのは，すべての費用（税金も含めて）を支払った後の，**株主に分配される利益**だからです。

$$株主資本利益率 = \frac{税引き利益}{自己資本} \times 100 (\%)$$

　A社の場合は，つぎのようになります。

$$株主資本利益率 = \frac{税引き利益}{自己資本} = \frac{193(億円)}{3,372(億円)} = 5.72(\%)$$

B社はつぎのようになります。

$$株主資本利益率 = \frac{税引き利益}{自己資本} = \frac{30(億円)}{981(億円)} = 3.05(\%)$$

　以上の比率から何がわかるでしょうか。A社は、会社としては1年間に100円を元手にして8.57円をかせぐ力がありましたが、投資家（株主）から見ますと、100円投資すると1年間で5.72円の利益が上がる会社だということがわかります。

　B社は、会社としては1年間に100円について3.10円かせぐ力があり、株主・投資家としてみますと100円投資して1年間に3.05円の利益を上げる会社だということがわかります。

5　もうけはどうやって計算するのか

　では、会社の利益はどのようにして計算するのでしょうか。
　会社の利益の素は、商品や製品の売上代金です。**売上高**といいます。売上高から、商品の仕入代金や製品の製造原価を差し引くと、おおざっぱな利益が計算できます。これを経営者は**粗利益**とか**荒利**と呼びます。会計では**売上総利益**と呼んでいます。「仕入・製造・販売活動の利益」といってもいいでしょう。

　粗利益とか**総利益**という表現を使うのは、まだ差し引いていない費用が他にあるからです。たとえば、従業員の給料、店舗の家賃、電気代や電話代、広告費などです。こうした費用を、「**販売費及び一般管理費**」と呼びます。

売上高から商品・製品の原価を引き，さらに販売費及び一般管理費を差し引きますと，その会社の**本業の利益**を計算することができます。**トヨタ自動車**や**日産自動車**であれば，自動車やその部品の製造・販売によって得られた利益です。本業の利益を「**営業利益**」といいます。「主たる営業活動による利益」という意味です。

会社は，主たる営業活動とともに，従として，**財務活動**を行います。たとえば，営業に必要な資金を，銀行から借りたり，株式や社債を発行して調達したりします。また，一時的に余裕がでた資金を株式などの有価証券に投資して配当収入を得るといった活動です。こうした活動の損益を「**営業外損益**」と呼びます。「**主たる営業以外の活動からの損益**」という意味です。

「主たる営業活動による利益」に，この営業外損益を加減（営業外収益をプラスし，営業外費用をマイナス）しますと，**その年のトータルな利益が計算されます**。これを「**経常利益**」といいます。

ここまでの計算の過程を示したのが，図表11－1の**損益計算書**です。

図表11－1　損益計算書の構造

```
           損  益  計  算  書
売上高                100
  売上原価          (－) 60
    売上総利益          40  ←粗利益
  販売費・一般管理費 (－) 20
    営業利益            20  ←本業の儲け
営業外収益           (＋) 15
営業外費用           (－)  8
    経常利益            27  ←今年の平常的な利益
```

いろいろな段階で利益を計算するのは，会社の営業活動とその成果を正確に把握したいからです。本業で大きな利益を上げていながら，金融活動で失敗した会社もあります。逆に，本業では利益を出せないけれど，金融活動で利益を上げている会社もあります。

また，粗利益をたっぷりかせいでいながら，販売費や一般管理費がかさんで利益を出せないでいる会社もあります。利益をいろいろな段階で計算しますと，「仕入・製造・販売活動」が効率的であったのか，本業全体の「営業活動」がよかったのか，「金融活動」がよかったのか，そうしたことがわかります。

6　ROEとROAを分解してみよう

上に紹介した**総資本利益率**は，**ROA**（return on assets）と呼ばれ，**株主資本利益率**は，**ROE**（return on equity）と呼ばれます。ROEやROAを計算すると，総資本や自己資本の効率がわかります。

今年の利益率は去年より上昇したとか，となりの会社よりいいとか，そういうことがわかります。しかし，利益率が向上しても悪化しても，この計算だけでは，なぜ良くなったのか，なぜ悪くなったのか，といったことがわかりません。**結果は知ることができても，原因がつかめないのです。**

そこで，**資本利益率を分解**してみることにします。ここでは，総資本を使います。総資本利益率は，つぎのとおりでした。

$$総資本利益率(ROA) = \frac{利益}{資本} \times 100 \ (\%)$$

この式の分母と分子を売上高で割り，かけ算に直しますと，つぎのようになります。

$$総資本利益率(ROA) = \frac{利益}{売上高} \times \frac{売上高}{資本}$$
$$\qquad\qquad\qquad (売上高利益率) \quad (資本回転率)$$
$$\qquad\qquad\qquad (\%) \qquad\qquad (回数，倍数)$$

式を分解しますと，**売上高利益率**と**資本回転率**に分けることができます。

売上高利益率というのは，100円の売上げ（売価）の中に，何円の利益が含まれているかを％で示したものです。この数値を見ますと，100円の中に利益が十分に含まれているかどうかがわかります。「**売上げの質**」を見る指標にもなります。

資本回転率というのは，総資本の何倍の売上げがあったかを示すもので，**資本の効率**を見る指標です。倍数で計算されます。総資本が1年間に何回転したかという意味でもありますので，**資本が回転した回数**といってもいいでしょう。

7 売上げの質を見る

同じ商品（製品も同じ）を売っても，いくらで売れたかによって，質のいい売上げとそうでない売上げがあります。たとえば，仕入れ値が80円の商品を100円で販売するのと120円で販売するのとでは，利幅（粗利益）が倍も違います。**売上げの中にどれだけの利益が含まれているか**を示すのが，上で紹介した**売上高利益率**です。もう一度，算式をみてみましょう。

$$売上高利益率 = \frac{利益}{売上高} \times 100 \, (\%)$$

$$原価80円の商品を100円で販売した場合の利益率 = \frac{20}{100} = 20\%$$

80円の原価に20円の利益を上乗せ（これを**マークアップ**といいます）して100円で，たくさんの商品を売ろうとするのを「**薄利多売**」といいます。薄利多売の道を選ぶか，たくさんは売れなくても1個について40円の利益を上乗せして利幅の大きな商売をするかは，資本の何倍の売上げがあるか（これは資本回転率といいました）によっても変わります。

また，**売上げの質**は，**現金取引**か**掛売り**かによっても違います。現金売りは資金の回収という面から見ると一番安全です。資金繰りに失敗することもありません。しかし，顧客（お得意さん）とのつきあいを長く保ちたいなら，むしろ，掛売りのほうがよいともいえます。現金取引の客は，いつ取引先を変えるかわからないからです。

同じ**掛売り**でも，回収するのに長い期間がかかる場合は，質のいい売上げとはいえません。そこで，掛けで売られた商品代金が，1年間で何度回収されたか，また，その代金が回収されるのに平均して何日かかっているかを計算します。

掛けで売って代金を払ってもらっていない金額を**売掛金**といいますが，掛けで売ったときに後日の支払を約束した手形（**受取手形**）をもらうこともあります。この両者を合わせて，**売上債権**といいます。

CHAPTER 11　会社は収益性の高い事業をしているか

$$売上債権回転率 = \frac{売上高}{売掛金＋受取手形} （回）$$

　回転「率」という名前が付いていますが，計算されるのは，何回転したかという「**回転数**」です。この回転数を使って，**売上債権が平均して何日で回収されているか**を計算します。

$$売上債権回転期間 = \frac{365日}{売上債権回転率} （日）$$

　回転率（回数）が大きいとき，あるいは，回転期間（日数）が短いときは，売上げの質もいいといえます。この回数が減ってきたり，回転期間が長くなってきますと，資金繰りに支障が出てきますから，あまり質のいい売上げではないことがわかります。

CHAPTER 12

会社は財務的に安定しているか

1 図体の大きい会社はいい会社か
2 図体はどうやって計るか
3 自己資金と借金のバランス
4 自己資本比率という尺度は何を計るものか
5 短期の借金返済能力と長期の借金返済能力
6 流動比率が語る「借金の返済能力」
7 当座比率は返済能力のリトマス試験紙
8 支払能力の総合的判定

1 図体の大きい会社はいい会社か

　わが国では、会社に関する限り、「大きいことはいいことだ」とか「**体重方式**」などといって、図体の大きいほうがよいとする風潮があります。街角のパン屋さんや肉屋さんよりも駅前のスーパーのほうがよい会社で、そのスーパー・マーケットも地元のスーパーより全国型のスーパーがいい会社だというのです。

　大規模の会社は、多くの場合、どこかの企業集団（**三菱グループ**とか、**住友グループ**とか）に属していて、株式の持ち合い、業務提携、社長会、役員の派遣、資金の融通などを通して、資本的・人的な結びつきが強いものです。

　グループ内のどこかの会社が経営に失敗したり、資金不足に陥ったりしたときには、グループを構成する各社がいろいろな援助の手をさしのべてくれます。中小企業の場合は、そうした援助の手は期待できません。中小企業が破たんしそうになりますと、銀行は貸した資金を取り戻そうとして躍起になりますし、取引先は新規の取引を中止し、売掛金があればそれを回収しようとして会社に押し掛けるでしょう。助け船などは、どこからもきません。

　そうしたこともあって、わが国では、「大きい会社はいい会社だ」という評価が生まれるのでしょう。

　では、本当に大きい会社はいい会社なのかどうか、検討してみましょう。自分が経営する会社だけでなく、取引先の**財務体質**や**借金の返済能力**をチェックしておくことが大事です。

2 図体はどうやって計るか

　会社の場合，大きいとか小さいとかは，どうやって決めるのでしょうか。一般には，**資本**とか**売上高**を使うようです。ただし，銀行の場合は預金高，保険会社の場合は契約高，新聞・雑誌社なら発行部数・出版部数といった指標も使われます。

　資本を企業規模の指標とする場合は，会社が使っているすべての資本（**総資本**）の大きさか，法律上の資本，つまり**資本金**の大きさが使われることが多いようです。どちらが企業の大きさを適切に表しているでしょうか。

　自己資金ゼロで，銀行から1億円借りて家を建てた人がいるとしましょう。外から見ますと，1億円の家に住んでいるのですから，お金持ちに見えます。しかし，実は，他人からの借り物に住んでいるのと変わりません。この人の図体（大きさ）は1億円でしょうか，それともゼロ円でしょうか。

　借金していようが全額自己資金であろうが，使っている資本の大きさ（この例では，住んでいる家）が図体を表すという見方もあるでしょうし，負債（借金）を差し引いた，裸の状態が本当の姿だという見方もあるでしょう。いずれにしましても，総資本をもって図体とするときは，負債の大きさにも注意する必要がありますし，裸の状態をもって図体とするときは，使っている資本の全体を見ておくことが必要です。

　会社の場合，そうした全体としての**使用総資本と裸の資本の関係**を見るときには，後で紹介する**自己資本比率**という指標が使われます。

3　自己資金と借金のバランス

　家を建てるとき，自己資金だけで建てられる裕福な人もいれば，大部分を銀行から借りて建てる人もいます。**自己資本比率**というのは，たとえていいますと，家の建築費のうち，何％が自己資金であるかをいうようなものです。

　多くのサラリーマンにとって，自己資金だけでマイホームを建てようとすれば，都心から離れるか庭のない家で我慢するしかありません。銀行から借りて家を建てますと，ローンの返済に追われます。家庭も会社も，自己資金と借金のバランスを取ることが必要です。

　会社の場合，家庭と違うのは，借りた資金で事業を展開しますから，借金してもその資金が利益を生んでくれることです。サラリーマンの借金は利息を付けて返済するだけで，利益を生むことはありません。

　会社を自己資金だけで運営することを，「**無借金経営**」といいます。無借金経営は，借金の返済に追われることもなく，堅実で安全性が高いと評価されますが，他方，いつまでたっても小規模の，地方会社の域を出られないという欠点もあります。

4　自己資本比率という尺度は何を計るものか

　自己資本比率（最近では，「株主持分比率」とか「株主資本比率」ともいいます）は，つぎのようにして求めます。

CHAPTER 12　会社は財務的に安定しているか

$$自己資本比率 = \frac{自己資本}{総資本（＝自己資本＋負債）} \times 100(\%)$$

自己資本比率というのは，**借金の返済能力**，あるいは，**支払い能力**を示す指標の1つです。では，どうして借金を返済する能力が問題になるのでしょうか。

会社は，まず，株主が出した資金（資本）を元手として開業しますが，事業の拡大につれて，株主の資金だけでは足りなくなってきます。そうしたときに，銀行や保険会社からお金を借りたり，社債という証券を発行して一般の投資家から資金を借ります。

会社にお金を貸す人たちを「**債権者**」といいます。債権者は，お金を貸すときに，貸したお金を約束どおり返してもらえるかどうかが一番心配です。ですから，貸すときにも，貸した後も，会社の支払い能力には強い関心があるのです。

では，会社には，そうした**借金を返済する財源**として何があるでしょうか。借金を返すには，一般に，つぎのような方法が考えられます。

(1) 借金の返済のために，別の銀行から借りる。
(2) 現金・預金，貸付金，有価証券のような余裕資金を使う。
(3) 商品を売った代金を返済に使う。
(4) 工場の用地などを売却して返済する。

ここでは，(1)や(4)のような極端なことは考えないことにします。(1)はまったく問題の解決にはなりません。借金の返済が少し後になるだけです。(4)は，借金は返済できても，経営はまもなく行き詰まってしまうでしょう。

通常の場合，借金の返済財源として考えられるのは，営業活動を続けながら返済してゆくことができるものに限られます。つまり，それを使っても，営業活動に特別の支障が生じないものをいうのです。

　会社の内部における資金の動きを見てみましょう。つぎの図のように，会社には最初，現金の形で資金が投下されます。この現金で商品を仕入れたり，原材料を購入したりします。原材料は加工して製品とします。

　商品や製品は市場で販売され，会社は改めて現金を回収します。現金ではなく，売掛金や受取手形を受け取るときもあります。売掛金も受取手形も，その後まもなく，現金になります。

　こうした，会社における現金からスタートして再び現金へ戻ってくる資金の動きを「**資金循環**」とか「**営業循環**」といいます。

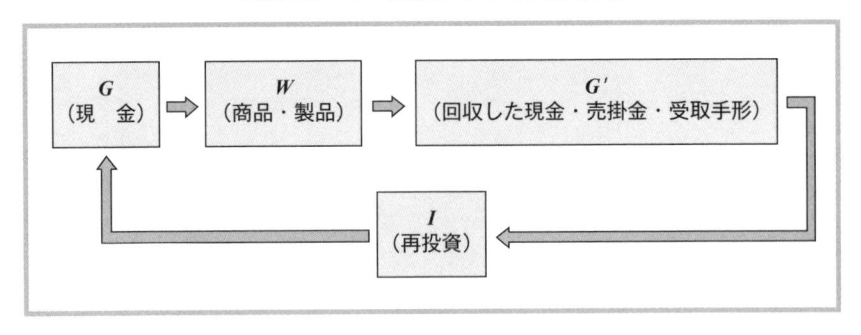

図表12－1　会社における資金循環

```
┌─────────────────────────────────────────────────┐
│  ┌─────────┐   ┌─────────────┐   ┌──────────────────────────┐  │
│  │   G     │→ │    W        │→ │          G'              │  │
│  │ (現 金) │   │(商品・製品) │   │(回収した現金・売掛金・受取手形)│  │
│  └─────────┘   └─────────────┘   └──────────────────────────┘  │
│       ↑                    ┌──────────┐                      │
│       └────────────────── │    I     │ ←────────────────────┘
│                            │ (再投資) │
│                            └──────────┘
└─────────────────────────────────────────────────┘
```

　経済学などでは，この現金を G，商品や製品をWで表します。ここで G というのは，ドイツ語の *Geld* (ゲルト，貨幣)，W とは *Waren* (ヴァーレン，物品) のことです。そこで，資金の循環を，$G \to W \to G'$ という形で表すことがあります。G' (Gにダッシュがついているもの) は，最初に投下された現金が利益の

196

分だけ増加していることを示しています。

　借金の返済に商品や製品を売った代金を使うという案がありました。上記の(3)です。この案を検討してみましょう。

　商品の売上代金は，売った商品の仕入れ値と利益に分けることができます。G' の G の部分が仕入れ値で，ダッシュの部分が利益です。G の部分は，つぎの商品を仕入れる資金となります。ですから，借金の返済に G を使いますと，つぎに売る商品を仕入れることができなくなり，営業に支障をきたすか，営業規模を縮小しなければならなくなるでしょう。もし，借金の返済に商品の売上代金を使うというのであれば，ダッシュ（利益）の範囲内に限られます。

　以上のことから，借金（負債）を返済するための財源としては，上記の(2)に挙げた「**余裕資金**」（「**余剰資金**」ともいいます）がもっとも大事だということがわかります。

5　短期の借金返済能力と長期の借金返済能力

　ところで，借金（負債）には，比較的短期間のうちに返済期限（支払期限）がくるものと，長期のものがあります。1年以内に返済しなければならない負債は「**流動負債**」，返済期限が1年を超える負債は「**固定負債**」と呼ばれます。

　会社の財務諸表（貸借対照表）では，次頁のように表示されています。

図表12-2　貸借対照表

貸　借　対　照　表	
（流動資産） 　当座資産 　　現金預金 　　売掛金 　　受取手形 　　有価証券 　棚卸資産 　　商品・製品 　　原材料 （固定資産）	（流動負債） 　買掛金 　支払手形 　借入金 　　　⋮ （固定負債） 　社債 　長期借入金

　このうち，**長期の負債（固定負債）に対する返済能力**については，これを直接に測定するような「ものさし」はありません。長期の借金（固定負債）を支払う能力は，第1に，その会社の収益性の良し悪しによって，第2に会社の財務構造（借金が多いか少ないか）によって判定するしかありません。

　しかし，**短期の借金（流動負債）を返済する能力**があるかどうかを見るには，いくつかの「ものさし」があります。

6　流動比率が語る「借金の返済能力」

　最初に，**流動比率**を紹介します。この比率は，会社が持っている資産のうち，流動性が高い資産，つまり，現金と現金に近い性格の資産と，短期間に支払期限のくる負債を比較するものです。

CHAPTER 12　会社は財務的に安定しているか

$$流動比率 = \frac{流動資産}{流動負債} \times 100(\%)$$

　流動資産というのは，図表12-2のように，**当座資産**(とうざしさん)と**棚卸資産**(たなおろししさん)に分かれます。当座資産は，すぐに現金になるものをいい，棚卸資産は，現金にするのに販売という手順を踏む必要があるので，少し時間がかかります。

　1年以内に返さなければならない借金（流動負債）が1,000万円あるとしたら，いま，どれくらいの流動資産をもっていればよいでしょうか。流動資産の中に現金預金が1,000万円あれば，借金を返すことができます。売掛金や受取手形があっても返せますが，売掛金や受取手形はつぎの商品を仕入れるために必要な資金ですから，できたら，返済には使わないほうがいいでしょう。

　棚卸資産は，現金にするためには，いったん販売しなければなりません。原材料であれば，これを使って製品を作り，それを販売するという手順を踏まなければなりません。いつ売れるのかも，いくらで売れるのかも，正確にはわかりません。棚卸資産は，もし即時に売却して現金を手に入れようとしたら，仕入れ値を大幅に下回るかも知れません。

　こうしたことを考えますと，流動負債が1,000万円あるとしたら，流動資産はそれ以上なければ返済できないでしょう。これまでの経験から，流動負債が1,000万円なら，流動資産はその倍，2,000万円くらい必要だといわれています。

　つまり，1年以内に返済する借金が100あったら，返済の財源として流動資産を200以上持っていなければならないということです。これを，「**200％テスト**」とか「**2対1の原則**」と呼んでいます。

短期の借金を返済する能力を判定する指標には，もう１つ，「**当座比率**」というのがあります。つぎにこれを紹介しましょう。

7　当座比率は返済能力のリトマス試験紙

小学校の頃，酸性かアルカリ性かを知るために，**リトマス試験紙**を使ったことと思います。あれは便利なもので，赤色の試験紙を入れて青くなればアルカリ性，青い試験紙を入れて赤くなれば酸性と，実に簡単明瞭に判別できました。

会社の支払能力にも，リトマス試験紙があればいいのにと，誰もが思うことでしょう。そうした希望をかなえてくれるアイデアが，**当座比率**です。この比率を使えば，借金の返済能力を簡単に判別できると考えられています。そのために，この比率をリトマス試験紙とみて，**酸性試験比率**とも呼んでいるのです。

当座比率は，流動負債の何倍の当座資産を持っているかを計算するものです。

$$当座比率 = \frac{当座資産}{流動負債} \times 100(\%)$$

上に紹介した流動比率の場合は，流動負債を返済する財源として流動資産の全体を使うことを予定していました。ところが，流動資産のうち棚卸資産は，すでに書きましたように，即時に売ろうとすれば安く買いたたかれるか，売れないこともあります。

そこで，流動負債を返済する財源としての流動資産から，この棚卸資産を除外して，より確実な返済財源だけで支払い能力を判断しようとするのが，**当座比率**です。

　この比率は，100％以上あることが望ましいといわれています。これを「100％テスト」とか「１対１の原則」と呼んでいます。

8　支払能力の総合的判定

　これまでの話からしますと，流動比率よりも当座比率の方が，より信頼できる指標のように感じるかも知れません。しかし，実務では，当座比率は流動比率の補助比率としてしか使われていません。なぜでしょうか。

　当座資産は，即・現金化できる資産のことです。当座というのは，インスタントという意味で，換金に手間取らないということです。当座比率も，「借金をすぐに返済するとしたら」どれくらいの能力があるかを判断する指標です。

　実は，この計算は，かなり現実からかけ離れた仮定の計算になります。負債（借金）には返済期限が決まっているものも決まっていないものもあります。すぐに返す負債もあれば，１年近く後のものもあります。それを，いま，いっせいに返済するとしたらという仮定で計算するのが当座比率なのです。

　流動負債は，１年以内に返済するとはいえ，すべてをいますぐに返済するわけではありません。したがって，当座比率は少し近視眼的な指標のようです。実際の支払いを考えますと，**企業の正常な営業活動を前提とした支払い能力**を知る必要があります。そうした分析には，流動比率の方が優れているようです。

こうしたことを総合的に判断しますと，流動比率と当座比率を見比べながら，できるなら数期間の推移を見ながら支払い能力を判断するのが賢明なようです。

　上に，流動比率は200％，当座比率は100％以上あることが望ましいと書きましたが，日本企業の場合，流動比率は150～160％くらい，当座比率も80％くらいでも大きな支障はないようです。

　これらの比率は，業種によっても指標とすべきパーセントが変わります。業種の平均値や同業他社の数値を参考にして，自社や取引先の支払能力を判定してください。

CHAPTER 13

コストダウンの技法を学ぶ

1　売上げの増進かコストの削減か
2　コストダウンには乗数効果がある
3　実例に学ぶコストダウン

経営の成果は，端的にいって，その期間の利益（**営業利益**または**経常利益**）に現れます。利益の額は，いわば期末試験の後につけられる「総合点」みたいなものです。ただし，額（点）が多ければよいというものでもなく，他の会社と比べて少ないからといって悪いわけでもありません。

　試験の成績が相対(そうたい)評価されるように，事業の場合の利益額は，あくまでも，**使用した資本の額と対比して評価**されます。使用した資本と利益の関係は**資本利益率**いう比率で計算されますが，この算式は，そうした経営の成果を，他社や他期間と比較できるように計算するものでした。

$$資本利益率 = \frac{利益}{資本} \times 100 \, (\%)$$

　この式の比率を上げるには，(1)**利益（分子）を大きくする**か，(2)**資本（分母）を小さくする**かです。

資本利益率を上げるには
$\dfrac{利益}{資本}$ 　←大きくする 　　　　←小さくする

　このCHAPTERでは，**資本利益率を改善する１つのアイデア**として，コストダウンについて，その考え方・発想法について述べることにします。

204

1　売上げの増進かコストの削減か

利益を大きくするにはどうすればよいでしょう。利益は，次式のように，当期の収益（売上高）の額から費用の額を差し引いて求めます。

> 当期純利益＝当期の収益の合計－当期の費用の合計

この式から明らかなように，**当期の利益を増大する**には，(1)収益（売上高）を大きくする，(2)費用を小さくする，または(3)収益の増加を図りつつ，費用の削減に努力する，という3つのルートがあります。

利益を大きくするには

当期の収益　－　当期の費用　＝　当期純利益
　　↑　　　　　　↑
　大きくする　　小さくする

もとより，(3)のルートが一番成果が大きいことは十分に予想されます。しかし，あえて，(1)か(2)のうち，どちらかを重点的な目標とするとすれば，**売上げ増進を目標**とすべきでしょうか，それども，**費用の削減を目標**とすべきでしょうか。

▶売り上げを増大するには

　売上げの増大を図るには，顧客に喜ばれるような製品を作り（または，そうした商品を仕入れ），その商品の存在を知ってもらうために広告宣伝活動を行い，購買意欲をかき立てるようなディスプレイを施し，商品知識豊かな店員があいそよく接客し，販売後も質のいいアフター・サービスを提供する，といった努力を払わなければなりません。

　すなわち，売上高を上げるということは，仕入部門，製造部門，広告宣伝部，販売部門などが総力を挙げて取り組むテーマとなるのです。

　しかし，実際の企業活動においては，たとえば，経営首脳が，翌月なり次年度の売上高の目標を声高に掲げても，その目標に向かって努力するのは，ほとんどの場合，**販売部門だけ**といってよいでしょう。

▶売り上げを伸ばすのは販売部門だけ

　仕入部門のスタッフや製造を担当する工場スタッフなどは，売上高の増大に直接貢献しようにも方法がないのです。間接的には，品質の高い原料を仕入れるとか，ニーズにあった商品を作るとか，何らかの貢献はできるにしても，直接的（目に見える形の）貢献は難しいのです。「次期売上高，目標20億円」などとスローガンを掲げられても，工場で製品を組み立てている工員にとっては，ただ仕事が増えるだけのことかもしれないのです。

　企業内には，このほかにも，従業員の給料を計算したり，決算を担当する経理課のひとたち，採用人事や新入社員の教育などを担当している人事課のスタッフ，文書管理や社長のスケジュール管理を担当している秘書課のひとたち，電話交換手，社員寮のおじさん・おばさん，守衛さんなど，たくさんのひとたちが働いています。こういうひとたちは，どういう形で売り上げの増加に貢献できるでしょうか。

CHAPTER 13 コストダウンの技法を学ぶ

利益の増加を図るために売り上げを伸ばすといっても，実際には，営業（販売）を担当するひとたちを除くと，ほとんどのひとは直接的な貢献はできません。

▶**費用の削減は誰でもできる**

ではもう1つの利益増加策である費用の削減（コストダウン）はどうでしょうか。収益は商品を販売するたびに目に見えて増大するし，そうした販売努力は，上に述べたように，販売部門が集中的に行うしかありません。

ところが，**費用は企業活動のあらゆる場面で発生**します。朝1番に出社した守衛さんが玄関の明かりをつければ，そこから**電気代**がかかるし，仕事の打ち合わせのために取引先に電話すれば**電話代**，得意先に出向けば**交通費**，注文書を送れば**郵送料**，人を雇えば**給料・手当**，来客があれば**お茶代**，食事時に会議を開けば**弁当代**，というように**企業活動にはかならずコストがついてまわります**。

それだけではありません，総務部には，事務用机・椅子，コピー機，ファクシミリ，電話，コンピュータ，たくさんの書類とそのファイリング・システムといった設備が必要ですし，工場では，作業衣，安全靴，ヘルメット，工作機械，フォークリフト，空調設備，仮眠室の設備，送迎用の車輌など，たくさんの設備類が必要です。

コストは，企業活動のあらゆる場面で，いつでも，どこでも，誰にでも，何をしても発生するのです。ということは，そうした**コスト**は，いつでも，どこでも，誰でも，削減できる可能性があるのです。

もう一度，会社の中，工場の中を見回してみましょう。昼になってもつけっぱなしの電灯はないでしょうか，水道の水がぽた落ちしているところはないでしょうか。空調が働いているのに開けっぱなしになっているドアはないでしょうか，冷暖房は効き過ぎていないでしょうか。

▶大学のコスト削減を考えよう

　近い将来，社会に出るというひとたちには，大学なり専門学校のことを考えてみてください。便利さを追求するあまり，学内のエスカレータは乗る人もいないのに動いていませんか，教授の研究室は，教授が別の教室で講義している間も電灯がついていないでしょうか。

　コピーを失敗した紙が無駄に捨てられていないですか，チョークを適切に使っているでしょうか，数人しかいない教室でマイクを使っている教授はいませんか，執務中にたばこをふかしている職員はいませんか（執務中にたばこを吸うのは，執務中に寝たり，執務中に喫茶店にいって高校野球を観戦するのと大した変わりはありません），誰も使わない設備はないですか，いろいろ考えてみたいものです。

　コストというのは，いつでも，どこにでも，何をやっても発生します。**誰もがコストを使っている**のです。

　ところが，多くの場合，**コストは即座の現金支出を伴わないし**，支払うのはコストを使うひとではなく，経理課とか出納課のひとたちであるため，とかく使い過ぎやムダ使いになりがちです。

　コストダウンは，上は社長から，管理職も営業担当も，総務も，工場で働くスタッフも，社員寮のおじさん・おばさんも，守衛さんも，すべてのひとたちが参加できる**利益増加策**なのです。

2 コストダウンには乗数効果がある

いま，売上高が1,000億円，売上原価と販管費の合計が950億円，営業利益が50億円という会社があるとしましょう。売上げに占める営業利益の割合（**売上高営業利益率**）は5％です。

$$売上高営業利益率 = \frac{売上高1,000 - 営業費用950 = 営業利益50}{売上高1,000} = 5\%$$

この会社が，利益を2倍にするにはどうすればよいでしょうか。上で述べたように，利益を増やすには，(1)売上げを伸ばすか，(2)コストを削減するか，(3)その両方を実行するかです。

▶利益を2倍にする方法

売上げを伸ばして利益を2倍にしようとすれば，単純に考えて売上高は現在の2倍にしなければなりません（実際には，**損益分岐点**の計算をしなければ利益を2倍にするときの売上高はわかりませんが）。考えただけでも簡単には実現できそうもありません。

では，費用を削減して利益を2倍にするのはどうでしょうか。これには，売上原価と販管費を950億円から900億円に減らせばよいのです。つまり，コストを5％強（50÷950＝5.26％）減らすだけでよいわけです。この会社では，**コストを5％削減すれば利益は2倍**になります。

$$\text{売上高営業利益率} = \frac{\text{売上高}1{,}000 - \text{営業費用}900 = \text{営業利益}100}{\text{売上高}1{,}000} = 5\%$$

利益を2倍にする方法

当期の収益　－　当期の費用　⇒　当期純利益が2倍
　　↑　　　　　　↑
2倍にする　or　5％だけ削減する

売上高を伸ばすことで利益を2倍にしようとすると，売上高も2倍にしなければなりません。**費用を減らして利益を2倍にするには，費用を5％だけ減らせば済む**のです。どちらが達成可能かを考えるまでもないでしょう。

この会社の場合，売上高を10％（100億円）増やしても利益は0.4％しか伸びません。

$$\text{売上高営業利益率} = \frac{\text{売上高}1{,}100 - (\text{営業費用}950 + 95) = \text{営業利益}55}{\text{売上高}1{,}100} = 5.45\%$$

ところが，費用（コスト）を1％（9.5億円）削るだけで利益も同じだけ増え，利益率は5％から6％に上昇します。2％（19億円）削減すれば，利益率は7％，コストを5％削減すれば，利益率は2倍の10％になるのです。

3 実例に学ぶコストダウン

体系立った**コストダウン技法**は，つぎのCHAPTER 14 で紹介することにして，ここでは身近なところでどういうコストダウンが可能かを，具体的な例を示しながら，簡単に述べることにします。

コストダウンには，一般的な技法というものが確立しているものもあるが，多くの場合，企業ごとに，職場ごとに，作業の1つ1つについて，各自が工夫しなければならないでしょう。ここで述べる実例は，そうした各自が工夫するヒントの1つとなりうると思います。

実例その1　金券ショップを活用する

身近な例から始めてみましょう。街中の**金券ショップ**に行きますと，通信費・交通費の削減に役立つチケットが割安で売っています。

たとえば，通信関係ですと，切手，はがき，テレフォンカードなど，交通関係ですと，ＪＲの乗車券，航空券，フェリーの乗船券，高速券などが定価よりも安い値段で売られています。

金券ショップでは，他にも，商品券や図書券（図書カード）のような「買い物券」も売っています。デパートや書店で買い物をする前に金券ショップに立ち寄れば，安い買い物ができます。

最近では，航空券の手配や宿泊予約をインターネットですれば，格安にできることが多くなりました。

実例その2　節電を工夫する

▶エアーカーテン

　真夏や真冬にデパートに入ろうとすると，上から下に向けて強い風を流していることがあります。あれは，**エアーカーテン**というものです。デパートのような，客の出入りの激しいところでは，客が出入りするたびに外気が流れ込み，著しく冷暖房の効果が落ちます。そこで，空気のドアを作って，外気を遮断するのです。2重ドアにしているところもあります。どちらも冷暖房の節電効果は大きいでしょう。

▶センサー

　人通りの少ない時間帯にビルや駅の中を歩いていると，**止っているエスカレータ**を目にすることがあります。それを見て，フウフウいいながら階段を登っていますと，その横をエスカレータに乗ったひとが通り過ぎる！

　こんな経験はないでしょうか。このエスカレータは，**ひとが乗らないときは節電のために運転を休止していて**，ひとが近づくとセンサーが感知して運転を再開するのです。コストダウンは，時には，人騒がせなこともしますね。

　しかし，コストダウンには成功しても，売上げが落ちては何もなりません。あるレストランが，昼間には明かりが不要だとして，店のかんばんを照らす照明を消したところ，客は，休業中と誤解して，売上げが落ちたという話を聞いたことがあります。

実例その3　返品を減らす工夫

　一度販売した商品が返品されてくることがありますが，**返品のための運送費・返品の手続きにかかる事務費・返品されてきた商品を再販するための詰め替え作業や部品交換など，大変なコスト**がかかります。作る側はもちろん，売る側でも返品ほど嫌われるものはありません。できるだけ返品は避けたいところです。

▶返品には3つのタイプがある
　ところで，返品には，典型的に3つのタイプがあります。1つは，**販売した商品・製品の品質が悪い場合**，第2に，**賞味期限や販売期限内に販売されず返品されてくるケース**で，最後の1つは，製品・商品自体には問題がなくても，**外観が悪化したりパッケージが破損したりして返品**されてくるケースです。

　最初のケースは，商品・製品自体の品質を向上させるしか解決の道はないでしょう。第2のケースは，売上高の予測精度を向上させる工夫が必要です。

　商品・製品を輸送中とか，店舗にて陳列中に，ぶつけたり落下させたりして傷をつけたり，パッケージを損傷させたりすることがあります。ここでは輸送・陳列中の損傷を減少させて，返品をほとんどなくすことに成功した例として，**缶飲料**を紹介しておきます。

　缶飲料の容器としては，**アルミ缶とスチール缶**があります。コーラやビールは，普通，アルミ缶に入っています。ジュースやコーヒーは，スチール缶が多いようです。

▶アルミ缶の返品は少ない

　昔からアルミ缶の返品はあまりありませんでした。なぜでしょうか。スチール（鉄）に比べてアルミは圧延が容易で，加工性に富みますが，できあがった製品は極めて薄くなります。アルミ缶にジュースを入れたのでは，少し強く握っただけで缶は潰れてしまうでしょう。輸送中や店頭で缶が潰れてしまうと商品として売れなくなります。

　しかし，**コーラやビールは炭酸ガスを含んでいる**ので，もし缶がへこんだりしてもちょっと振ってやるだけでガスの力で元の形に戻るのです。ビールやコーラにアルミ缶が使われたのは，**ガスの力で復元できる**からでした。

　スチールの缶は，普通，**スリーピース**といって，底の部分，胴体の部分，プルトップのついている蓋（ふた）の部分を接着して作ります（最近は，ツーピースといって，底と胴体がつながっているものもあります）。ちなみに，アルミ缶は**ツーピース**です。アルミの小片を伸ばしてコップ状に作るのです。

　缶コーヒーは，典型的にスリーピースの缶に入った商品です。缶コーヒーを少し強い力で握ったり，棚から落下させたら簡単にへこんでしまいます。コーヒーには炭酸ガスが入っていないので，振っても復元はしません。かくして，缶コーヒーを初めとするスチール缶の飲料は，輸送中や店頭での傷やへこみが原因で返品されることが多かったのです。

▶高圧ガスの注入

　ところで，最近では少し事情が変わってきました。スチールを圧延する技術が高度になってきたのと，ほんのちょっとしたアイデアで，スチール缶のへこみを防止できるようになってきたのです。缶ジュースやウーロン茶を飲むとき，缶をよく観察すると，ツーピースのスチール缶が使われていることに気づくでしょう。

CHAPTER 13　コストダウンの技法を学ぶ

　スチール缶をツーピースで作れば，簡単にへこんで元には戻らないのが常識でしたが，最近の**スチール缶には高圧のガスが注入**されていますから，力を入れて潰そうとしても潰れません。試しに，ツーピースのスチール缶（蓋を開けてないもの）を強く握ってみて下さい。普通の握力ではとても潰すことができません。かくして，スチール缶の返品も大幅に減少したということです。

実例その4　型どり

　駅の階段を上ったり降りたりしているとき，階段の左側や右側に「上り」か「下り」を示す矢印がついていることがあります。その矢印をちょっと観察すると，上りが ⇨ なら，下りは ⇨ となっていることがあります。

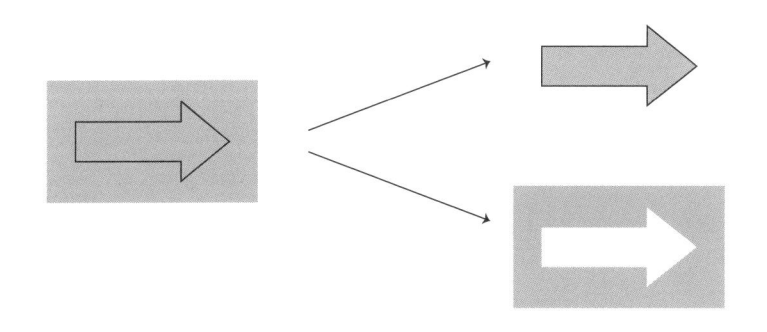

　1枚のボードを，本来のものと，矢印を抜き取った後に残る部分に分けて活用したものです。製作費は単純に考えて，2枚の矢印を作る場合の半分ですむでしょう。

　1枚の板状の材料から必要な型を抜き取るには，工夫が必要です。たとえば，1枚の板からAという文字を抜き取るとしましょう。次頁の左図ように，Aを並べて抜き取ると5枚しか取れませんが，右図のように，天地（上下）をひっ

くり返して組み合わせると，9枚も取れるようになります。

実例その5　部品の共用・部品の削減

　トヨタの小型RV（レジャー用多目的車）「RAV4」は2000ccのエンジンを搭載しながら，価格は1600ccの車と変わりません。その秘密は，**部品の削減と部品の共用**，そして**部品コストの削減**にあります。この車は，外見こそ特異なものがありますが，部品の40％は既存の車のものを使用しており，部品の数も「カムリ」と比べて30％も少ないそうです。

　本田技研のミニバン「オデッセイ」が売れ，さらに「CR-V」，「ステップワゴン」などのヒットが続いています。

　原因の1つは，これらのヒット商品の**開発費と製造コストの削減**にあるようです。車の開発をする場合，車台の設定にもっともコストがかかります。その車にあったラインを設定しなければならず，ミニバンのように車高が高いとラインの改造に多額の費用がかかるのです。

▶共通化・共用化
　オデッセイの場合，当初の計画では1,000億円程度の開発費が予定されていたといいます。それを，ラインを「アコード」と共通化することにより，300億円に抑えることに成功したそうです。「CR-V」や「ステップワゴン」も，

CHAPTER 13　コストダウンの技法を学ぶ

同様に「シビック」をベースにして開発費を抑えているようです。

実例その6　自動車はコストダウンのアイデアの展示場

　自動車はコストダウンのアイデアに満ち満ちています。自動車各社がしのぎを削って技術改革をすすめる一方で，下請け業者に対して部品価格の切り下げを要求してきた結果，**自動車はコストダウンのアイデアの展示場**となっているのです。

　ここでは誰にでもわかる話として，車につけられるエンブレムのアイデアを紹介しましょう。エンブレムというのは，メーカーの社名や車の愛称をデザインしたシンボルマークのことで，車のフロントマスクやトランクルームに付いているものです。

　三菱自動車の製品には，MMCというエンブレムが付けられています。MMCは，MITSUBISHI MOTORS COMPANY の略です。**トヨタ**の車なら**TOYOTA**，**日産自動車**の車にはNISSAN，**本田技研**の車にはHONDAという社名のエンブレムが付いています。三菱自動車はMMCという略語を使っています。どうしてでしょうか。

　三菱自動車も，**輸出車には**，MITSUBISHIというエンブレムを付けています。最近では，**国内販売の高級車にも**MITSUBISHIを使うようになってきました。

　MMCというエンブレムを使う理由は，エンブレムのコストにあるようです。エンブレムは普通，成形したプラスチックをメッキ加工して作ります。成形とメッキにけっこう費用がかかるのです。単純に考えても，MITSUBISHIという10文字のエンブレムを作るには，MMCという3文字のエンブレムの2〜3

217

倍はコストがかかるでしょう。三菱車にMMCというエンブレムが使われるのは**コスト対策**なのです。

　三菱車も最近では，MITSUBISHIのネームが使われるようになってきました。MMCよりもMITSUBISHIのほうが高級感があるからでしょうが，車のエンブレムがプラスチック主流の時代を終えて，シールになってきたからでもありそうです。大衆車だけでなく，スポーツ車にも，シールのエンブレムが使われるようになってきました。

　より最近の傾向としては，車に社名のエンブレムをつけずに，会社のマーク（たとえば，**本田技研**なら「H」，**日産自動車**なら「N」，**トヨタ**は「T」を図案化したマーク）で済ませるようになってきました。コストが少なくてすむからでしょう。

実例その7　省資源という名のコストダウン

　デパートで買い物をすると，小さな商品を買ったにもかかわらず，大袈裟なくらい大きな手提げ袋に入れてくれたり，買い物をするたびに別の手提げ袋に入れてくれたりします。スーパーで買い物をしても，必要以上のビニール袋をくれたりします。こうした手提げ袋やビニール袋は，後で，ごみ入れに使われたり，荷物の運搬に使われたり，けっこう再利用されています。けっしてムダなわけではありません。

　ところが，最近，**省資源**とか**資源保護**とかを名目にして，こうした袋を廃止したり，包装を簡素化したりする店が増えてきました。ビニールの買い物袋を有料にするところまで出始めています。

CHAPTER 13　コストダウンの技法を学ぶ

　アメリカやイギリスなどでは，ビニールのショッピング・バッグは有料とする店が多いので，いずれ，わが国もそれが普通になるのかもしれません（ただし，英米のスーパーのビニールバッグはデザインもよく，作りもしっかりしていて，何度でも使えますし，古くなったら，無料で交換してくれる店が多いようです）。

　買い物袋の廃止・有料化，包装の簡素化などは，省資源をうたい文句にしてはいますが，店の側からみるとコストダウンとしての意味も大きいのではないでしょうか。

CHAPTER 14
在庫を管理する技法
- 「在庫を寝かせるな」と「在庫切れを起こすな」 -

1 なぜ在庫管理が重要か
2 どのような在庫をどのように管理するか
3 ＡＢＣ分析による重要品目の選定
4 パレート図からＡＢＣ分析へ
5 最適な発注量と発注点を知ろう
6 ツービン・システム（ダブルビン法）
7 在庫にかかる費用
8 最適発注量を求める
9 経済的発注点を求める
10 トリプルビン・システム

1　なぜ在庫管理が重要か

どこの家でも，トイレット・ペーパーとか，米，灯油，常備薬などの「**買い置き**」があります。毎日のように使うことがわかっている物は，一定量（たとえば，1か月分とか半年分とか）をストックしておくのが便利だからです。その日（週）に必要な分だけ買いに行くというのは，野菜や魚のような生鮮食品に限られるでしょう。

企業でも，普段の経営活動に必要な物は，通常，一定量の在庫をもっています。コンピュータ用消耗品，コピー用紙，事務用品，切手・収入印紙，商品サンプル，商品カタログ，包装紙，接客用のお茶・コーヒー，数え切れないくらいの在庫をもつのが普通です。

▶**商品・製品・原材料は欠品できない**

企業の場合，在庫の中でもっとも重要なのは，**商品・製品・原材料**などです。どれだけ魅力的な店舗を構えていても，売る商品が**品切れ**というのでは，せっかくの販売チャンスを逃してしまいます。

どれだけ最新鋭の機械と優秀な工具をそろえた工場を作っても，製品を作るための原材料を切らしてしまっては，生産ラインを止めるしかありません。**一定量の在庫をもつこと**は，企業経営を円滑に行う上で避けられないのです。

だからといって，商品や原材料を無制限に買い置くことはできません。在庫は場所をとりますし，商品によっては**流行遅れ**や**たなざらし**にあうこともあります。また，原材料が**腐敗**したり**品質が低下**したりすることもあります。さらに重要なことは，**在庫は，資本を寝かせてしまい，金利コストや在庫維持コスト**がかかることです。

CHAPTER 14 在庫を管理する技法

　そこで，企業は，もっとも効率的な在庫のあり方を工夫するのです。基本的な考えかたは，**必要なときに必要なだけの在庫を保有**すること，**不要な在庫は持たないこと**，です。簡単なようでこれが難しいのです。

　このCHAPTERでは，こうした**在庫管理**の基礎を学ぶことにします。なお，在庫管理には，**在庫の品質管理や欠品予防といった伝統的な技法**から，トヨタ自動車が導入したことで知られる**ジャスト・イン・タイム**生産の「**かんばん方式**」，さらには，コンビニエンス・ストアなどが活用している**ＰＯＳ**（POINT OF SALES，販売時点情報）などがあります。

　このCHAPTERでは，これらの技法のうち，過去のデータを使った**統計的な在庫管理の技法**をいくつか紹介し，会計のデータがどのように活用されているかを学ぶことにします。

2　どのような在庫をどのように管理するか

　一口に在庫といっても，1個5円とか10円のねじ・くぎから，1台数千万円・数億円もする精密機械や医療器具などもあります。

　在庫管理にとって，必ずしも，高い物が重要だというわけではありません。自動車の組み立て工場において，1個5円かそこらのねじが欠品したからといって，それなしで車の組み立てをするわけにもゆきませんし，組み立てラインを止めるというのも大きな損害を招きます。1個5円の部品でも，1個1万円の部品でも，在庫を切らせば，影響の大きさは同じなのです。

　1台数千万円もする精密機械は，売れれば大きな商売になるし，企業にとっては大事な在庫ですが，この商品が2年か3年に1台しか売れないというので

223

あれば，在庫として保有する意義は大きくはないでしょう。

　どういう在庫が在庫管理上重要であるかは，在庫の単価ではないということがこれでわかります。では，どういう在庫を重点的に管理すればよいでしょうか。この疑問に答える方法として，つぎに述べる**ＡＢＣ分析**（ＡＢＣＤ分析，ＸＹＺ分析などともいう）があります。

3　ＡＢＣ分析による重要品目の選定

　街のあちこちにあるコンビニでさえ，１店舗で３千から４千種類の商品を扱っているといわれます。少し複雑な製品を作っている工場などでは，数万点を数える部品や材料を在庫として保有しているでしょう。しかし，すべての在庫を同じように管理したのでは，コストばかりかかって効率が悪くなります。

▶ＡＢＣ分析
　そこで，**少数の品目で売上金額**（工場であれば出庫金額）**が大きな品目**と，**品目は多いが売上金額**（出庫金額）**は小さい品目**，その**中間の品目**，というように，取り扱い品目を３区分するのです。この区分は，企業によっては，２区分になったり（この場合は，**ＡＢ分析**という），４区分になったり（この場合は，**ＡＢＣＤ分析**）します。以下では，３区分（ＡＢＣ分析）で話をします。

▶パレート図を描く
　ＡＢＣ分析を行うには，最初に**パレート図**という累積グラフを描きます。イタリアのパレート（V. Pareto）という経済学者は，19世紀の終わり頃に，国民の所得が均等ではなく，少数の富める者とそうでない多数の者がいることを数式で示しました。**パレート法則**といいます。

その後，アメリカのローレンツ（M.C.Lorenz）という経済学者が，20世紀に入って，パレートの理論を図で表すことを考案しました。これが**パレート図**です。**ローレンツ曲線**とも呼ばれています。

ここでは，所得階層別に区分した各階層の所得額が総所得額の何パーセントを占めるかを計算し，また，各所得階層の人員が全人口の何パーセントを占めているかを計算します。縦軸に，所得の累計を，横軸に人員の累計をとって，所得の多い順に並べてグラフ化すると，つぎのような**不均等分布線**が描かれます。

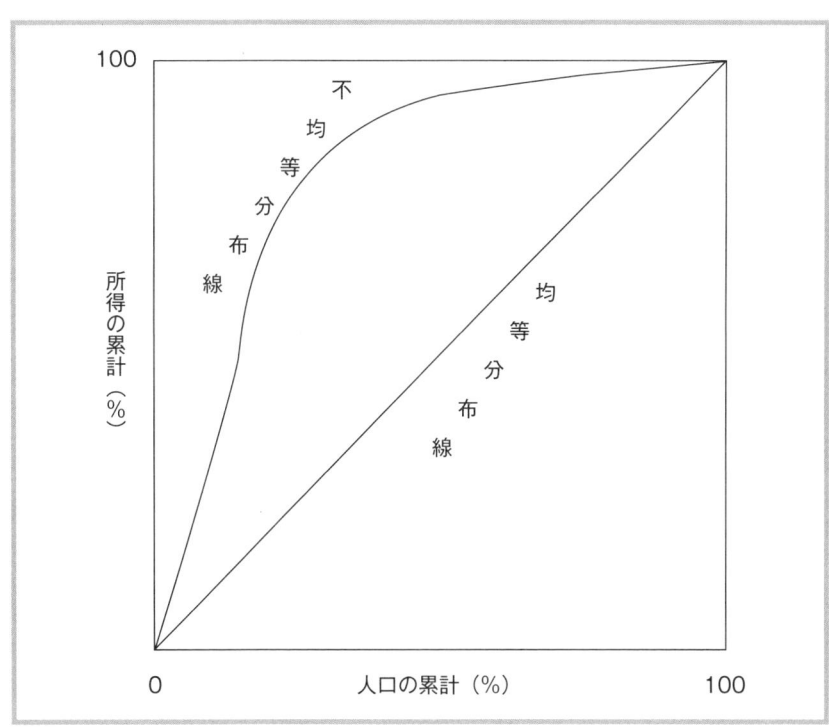

図表14－1　ローレンツ曲線

縦軸：所得の累計（%）　0〜100
横軸：人口の累計（%）　0〜100

不均等分布線
均等分布線

この図からは，国民の所得のうち，かなりの部分は極めて少数の金持ち階級にもってゆかれ，大多数の国民は残りのほんの少しの所得を分け合っていることがよくわかります。

その後，この**ローレンツ曲線を在庫管理に応用**し，重要な在庫とそうでない在庫を分類する技法として使い始めました。これが，**ＡＢＣ分析**です。ＡＢＣ分析をするには，データが必要です。

いま，ある家庭電器メーカーの取扱品目が20品目で，その品目ごとの過去1年間の使用実績（費消高）がつぎのようであったとします。

図表14－2　家電メーカーの取扱品目

品番	品目名	品目の累積%	使用実績(億円)	金額%	累積の%
1	珪素銅板	5	304	20.5	20.5
2	普通銅板	10	180	12.1	32.6
3	銑鉄	15	145	9.7	42.3
4	重油	20	110	7.4	49.7
5	仲銅品	25	90	6.0	55.7
6	電線	30	75	5.0	60.7
7	亜鉛	35	60	4.0	64.7
8	○△	40	40	2.7	67.4
9	□☆	45	20	1.3	68.7
⋮	⋮	⋮	⋮	⋮	⋮
20	⋮	100	⋮	⋮	100.0
			1,480		

CHAPTER 14　在庫を管理する技法

　パレート図を描くには，グラフ用紙の縦軸・横軸とも０から100％の目盛りをつけます。**横軸は品目**を，**縦軸は金額**をそれぞれ％で表します。最初の品目の「珪素銅板」をグラフの左端に，棒グラフで描きます。

　ただし，棒の幅は（横軸の幅）品目の％である５％にします（全品で20品目なので，１品目について５％となります）。縦軸の高さは，金額のパーセントである20.5％にします。後は順次，２番目の品目，３番目の品目を，累計になるように，このグラフに加えていきます。

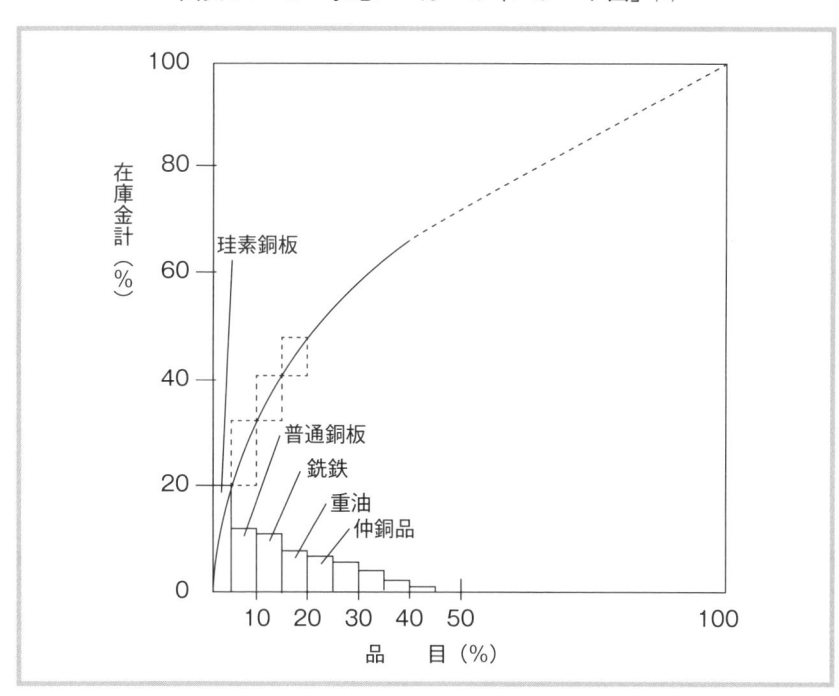

図表14－３　家電メーカーの「パレート図」(1)

最後に，各棒グラフの右肩を結ぶとパレート図になります。一般には，この棒グラフを省略して，つぎのような不均等分布線だけを書きます。ただし，棒グラフを書いておくほうが，何が重要で，何が重要でないかが一目でわかるという利点があります。

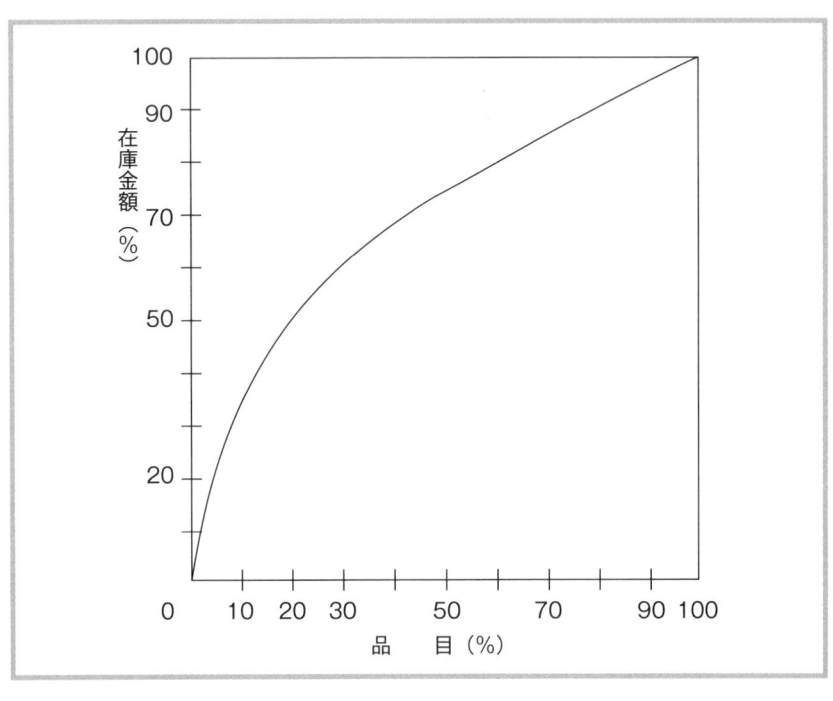

図表14－4　家電メーカーの「パレート図」(2)

　1品目の占率は5％でした。品目名を書いてある9品目だけで45％になり，重要品目はほぼここまでで，残りは品目としては多いが，金額的に見てあまり重要でないことがわかります。前頁の図では，10番目からは項目名や金額を省略してありますが，グラフでは点線で表してあります。

CHAPTER 14　在庫を管理する技法

　描いたパレート図を眺めてみると，いくつかのことに気がつきます。この家庭電器メーカーの在庫は，20品目あるが，その中でも，金額で見ると「珪素銅板」，「普通銅板」および「銑鉄」の３品目で全体の42％を占めており，さらに「重油」を加えると，品目数では20％の占率でも，金額では50％にもなります。

　そこで，在庫の金額や在庫のコストを減らす必要があるときには，パレート図の左端のほうから何品目かを選んで，これらの品目の在庫保有量およびその在庫コストを減らす工夫をすれば効率的に行えるのです。

▶**金額的に重要でない品目はどう扱うか**

　また，この会社の場合は，10番目以降の品目については，金額的には厳しい管理をする必要はなく，**欠品**（在庫切れ）を起こさないように注意して，適当に手抜きした管理で間に合うということがわかります。

　欠品を起こせば，それが「ねじ・くぎ」１本でも，生産ラインを止めることにもなりかねません。**金額的にはあまり重要ではない**ということは，在庫を余分にかかえても，在庫品の金額も大きくはなく，陳腐化とか目減りといった**在庫コストも重要ではない**ということです。したがって，こうした品目の場合は，多少は在庫がふくらんでもかまわないから，**欠品だけは起きないように注意する必要があります。**

4　パレート図からＡＢＣ分析へ

　一般的には，パレート図を描いたとき，全品目に占める割合と在庫金額に占める割合にはつぎのような関連があるといいます（水戸誠一『トータル・コストダウンの実務』48頁より引用）。

全品目に占める割合	在庫金額に占める割合
5－10%	70%以上
20%くらい	20%くらい
70%以上	5－10%

　この表は，品目数では5－10%程度の少数の品目が，金額では実に70%以上を占め，逆に，金額で見ると，合計しても5－10%という少額の品目が，品目数では70%にもなることを示しています。残りの部分は，品目数で見ても金額で見ても，同じ20%程度になるということです。

▶重要な在庫をしっかり管理する

　重要な在庫とは，この表からも明らかなように，**少数の項目で，合計の金額が大きいもの**です。品目数で5－10%の在庫をしっかり管理すれば，金額的には70%以上の在庫を管理したことになるのです。

　こうした項目数と金額との関連は，企業ごとに多少の違いはあるでしょうが，一般には，品目数で10%，金額で70%程度の在庫を「Ａ品目」とか「Ａグループ」，金額で10%，品目数で70%程度の在庫を「Ｃ品目」とか「Ｃグループ」，残りを「Ｂ品目」とか「Ｂグループ」と呼んで，このグループごとに，それぞれに適した管理をするのです。

　では，こうしてＡＢＣ分析をした後，実際には，どういう管理の方法を適用するのがよいでしょうか。一般的には，つぎのようなことを考えるとよいと思われます。

CHAPTER 14 在庫を管理する技法

図表14-5 重要度に応じた在庫管理の方法

Aグループの品目	細かな管理が必要。金額が大きいので，できるだけ在庫の量を少なくする。 ひんぱんに棚卸しを行い，不要な在庫をなくし，予備の在庫も少なくする。 後で述べる，経済的発注量とか経済的発注時点などといった技法を活用するのがよい。
Bグループの品目	AグループとCグループの中間的な存在なので，Aグループよりも管理は簡単にし，棚卸しも年に2-3回におさえる。
Cグループの品目	金額的には重要性が小さいので，多少は過剰在庫ぎみでもよい。むしろ在庫切れによる損失が出ないように心がける。 棚卸しは年に1回か2回でよい。 倉庫からの出納はセルフサービスで行わせる。

5 最適な発注量と発注点を知ろう

Aグループの在庫が何であるかがわかったなら，Aグループの個々の品目について，1度に何個（何トン，何箱，何台）ずつ発注するのがもっとも経済的かを計算します。これを，「**経済的発注量**（Economic Order Quantity：EOQ)」といいます。

さらに，**手持ちの在庫が残りいくらになったら発注するのがもっとも経済的か**を計算します。これを「**経済的発注点**（Economic Order Point：EOP)」といいます。

▶EOQやEOPが分かったら

経済的発注量（EOQ）や経済的発注点（EOP）の計算の仕方は後で述べることにして，こうしたことがわかるとどういうことができるかを考えてみましょう。

ＥＯＱが3,000単位で，ＥＯＰが500単位であるとすると，つぎの図が示すように，手持ちの在庫が500単位になるたびに，3,000単位の発注をすればもっとも経済的であるということになります。

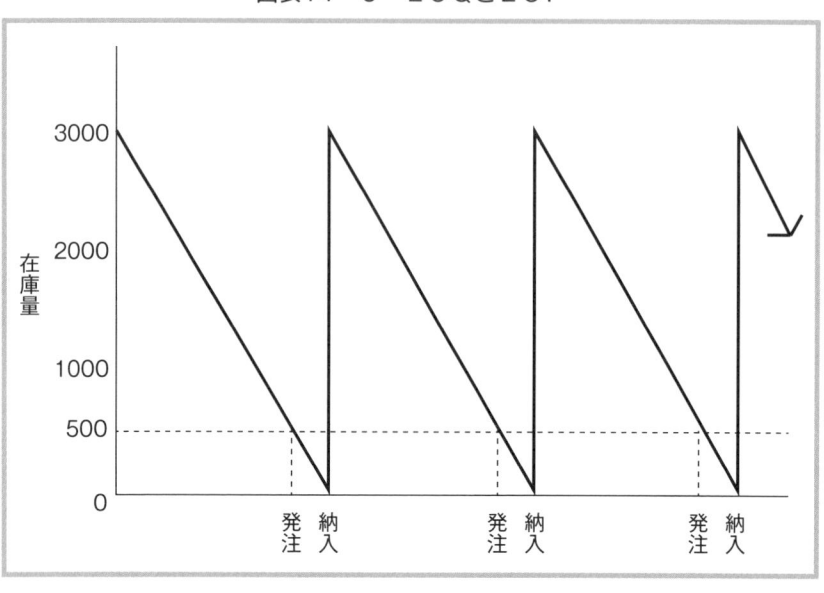

図表14－6　ＥＯＱとＥＯＰ

6　ツービン・システム（ダブルビン法）

　ＥＯＱとＥＯＰがわかれば，比較的簡単に在庫を適切に管理することができます。たとえば，健康食品を扱っているＫ店では，定番になっている「朝鮮人参エキス」のＥＯＱが100ケース，ＥＯＰが20ケースであったとします。

この場合，倉庫の棚を2段式にしておいて，下の段にはＥＯＰの20ケースを保管し，上段には残りの在庫を保管するのです。上の段が空になれば残りはＥＯＰの20ケースしかないということが一目でわかるので，この時点で下の段の20ケースを上の段に移し，ＥＯＱの100ケースを注文します。

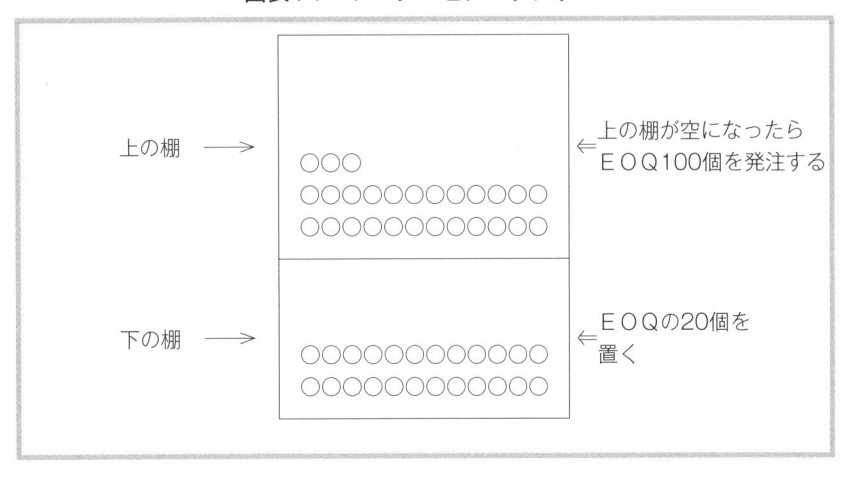

図表14－7　ツービン・システム

```
 上の棚 ──→  ┌─────────────┐  ←上の棚が空になったら
              │  ○○○        │   ＥＯＱ100個を発注する
              │  ○○○○○○○○○○ │
              │  ○○○○○○○○○○ │
              ├─────────────┤
 下の棚 ──→  │              │  ←ＥＯＱの20個を
              │  ○○○○○○○○○○ │   置く
              │  ○○○○○○○○○○ │
              └─────────────┘
```

こうした2段式の在庫管理の方法を，**ツービン・システム**（two-bin system）といいます。ここでビン（bin）というのは，箱とか容器を意味しています。在庫を入れておく箱を2つ用意して，1つにはＥＯＰの20ケースを保管し，もう1つの箱に残りを入れておくのです。

ビジネスホテルに泊まりますと，客室の冷蔵庫がコンピュータ制御されていて，飲食した物がフロントでわかるようになっています。最近では，こうした**自動検知システム**が発達しているので，**ツービン・システム**をとる場合に，上の段の在庫が空になったかどうかを検知システムで確認し，**コンピュータが自動的に発注**することも可能になってきました。

233

▶家庭でもツービン・システムの発想を

　ツービン・システムの考え方は，家庭でも簡単に応用できそうです。買い置きがあるからと安心していたら，実は使い果たしていて，あわてたという経験はどこの家庭にもあるものです。わが家でも，たとえば，お米の残りが5－6日分になったら米屋さんに注文するとか，トイレット・ペーパーは，トイレの中の収納庫が3分の1になったら生協に注文するとか，はがきは残り30枚位になったら買い物リストに記入するとか，100ワット電球は最低3個は買い置きをしておくとか，いろいろ工夫しています。

　ところで，ツービン・システムによる場合，下の棚に，どれだけの量を置いたら良いでしょうか。また，上の棚が空になったら発注するといっても，どれだけの量を発注するのがよいのでしょうか。いつ（在庫が残りいくらになったら），どれだけの量を発注すべきかについては，後のほうで，**経済的発注量（EOQ）**とか**経済的発注点（EOP）**というテーマでくわしく述べます。

7　在庫にかかる費用

　このCHAPTERのはじめに述べましたように，**余分の在庫**を抱えると，場所をとったり，品質が落ちたり，流行遅れになったりするだけでなく，**資金コストや在庫維持の費用**がかかります。

　それでは，在庫を極力減らし，在庫のコストを下げたらどうなるでしょうか。在庫にかかるコストというのは，たとえば，在庫自体を購入したときの資金にかかるコスト（金利。自己資金で仕入れたときは，資本が寝ることによって失う**機会利益**），輸送費，保管費用，保険料，税金，陳腐化・劣化による損失など，**在庫を維持するためにかかる費用**（在庫維持費）と，**発注にかかる費用**（発注費）があります。

CHAPTER 14　在庫を管理する技法

　発注にかかる費用（**発注費**）というのは，1回発注するたびにかかる費用で，たとえば，発注事務費，伝票作成費用，運送費などをいいます。

▶段取費も発注費と同じ

　メーカーであれば，発注費に代わって，段取費（だんどり）というのがかかります。たとえば，工場では，組み立てラインが同じでも，今週はフォークリフトの組み立て，来週は小型トラックの組み立て，そのつぎの週は園芸用のガーデン・トラクターの組み立て，というように，製作する製品が変わることがあります。

　変わるたびに，いったん，ベルトコンベヤーを止めて，前の作業の後片づけをし，作業台やクレーンの位置を変え，つぎの作業に必要なロボット，工具類・部品・潤滑油・ペンキ類などをあらたに準備し，場合によっては作業員・工作員を入れ替え，といったことをしなければなりません。

　こうしたことをするために直接かかる費用もあれば，それまでの作業を中止することから，目には見えないが確実に失っている利益もあります。それまで作業していた工員が仕事がなくなり，つぎの作業の準備が整うまでぶらぶらしていたら，それも段取りのためのコストです。

　船舶とか飛行機，トラック，高級車など，大型の製品や高額の製品を作っている場合には，こうした**段取費**が多額にかかるのが普通です。これもここでいう発注費と同じですので，以下，まとめて**発注費**と呼ぶことにします。

▶発注量を増やせば発注費は減る

　1回の**発注量**が多いほど**在庫維持費用**は増加するのに対し，**発注費**は減ります。1回の発注量が多いということは，発注回数が減るということですから，1期間の発注費の合計額は減ることになります。

235

たとえば，1か月に平均800個使用する部品があるとしましょう。この場合，1回の発注量を200個とすると，月に4回，つまり，毎週毎週，発注することになります。この場合は，**発注費**が4回分かかりますが，こまめに発注するため，**在庫の維持費用**は少なくてすむのです。1回の発注量が400個なら月に2回，800個をまとめて発注すれば，月に1度の発注ですむし，発注費も1回分ですみます。

仕入（購買）担当者は，発注量が多いか少ないかについてはあまり神経を使わないことが多く，発注の回数が減れば発注の仕事も減るし，在庫切れも起こりにくいと考えて，**1度に多め多めに発注する傾向**にあります。

ところが，在庫のコストには，上に述べたように，**在庫維持費用**と**発注費**という2つの種類があり，**在庫維持費用は発注量が多いとかさみ，1度の発注量が多いと発注費は少なくなる**，という関係にあります。

上の例でいいますと，1回に200個を発注する場合，在庫量は，最大で200個，次第に減り，最後はゼロになります（ツービン・システムを使っているとすると，上の棚が空になる）。平均の在庫量は100個ということになり，この100個について維持費用がかかるのです（次頁の図を参照）。

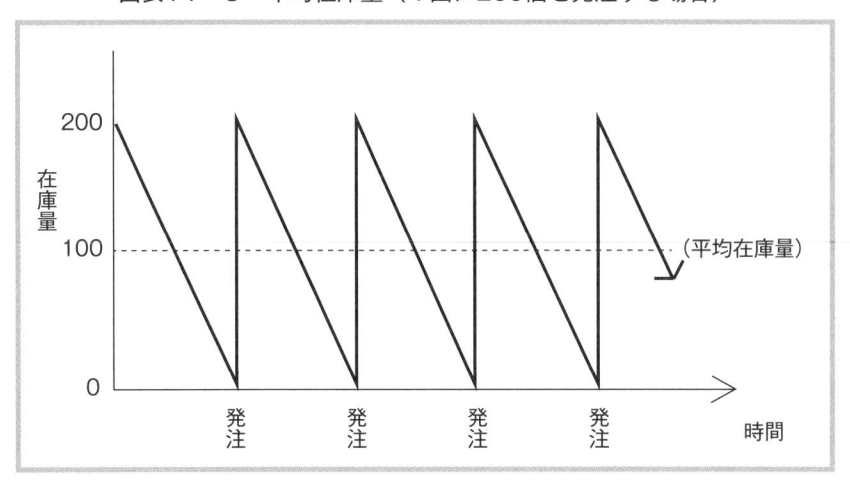

図表14−8　平均在庫量（1回に200個を発注する場合）

[図：在庫量が200から0まで減少することを繰り返すノコギリ波のグラフ。平均在庫量は100。横軸は時間、発注のタイミングが示されている]

　もしも，一度に800個をまとめて発注するとすれば，最大の在庫量は800個，平均在庫量は400個にもなり，維持費用がかさみます。在庫維持費用は，こまめに発注したほうがかからないのです。

　しかし，1回の発注にかかる費用が多額であれば，こまめに発注すると発注費が巨額になります。このため，**2つの種類のコストの総和が1番小さくなるような発注量**を探さなければならないのです。すでに述べましたように，このときの発注量を「経済的発注量」または「経済的ロットサイズ」といいます。

8　最適発注量を求める

　ある期間の在庫の維持費用は，つぎのような式で表すことができます。

> 在庫維持費用＝平均在庫量×単価×在庫維持費比率

ここで**平均在庫量**というのは，1回の発注量の2分の1をいいます。200個を発注すると，200個から順次0個になるまで在庫は減ってゆきます。したがって，平均の在庫量はこの場合は100個，つまり，1回の発注量の半分が平均在庫量になります。

　平均在庫量は1回当たり発注量の2分の1ですから，

> 在庫維持費用＝1回当たり発注量×単価×在庫維持費比率÷2……(1)

となります。〔単価×在庫維持費比率〕は，在庫1単位を1年間維持するのにかかる費用ですから，以下では，1単位当たりの維持費用として示すことにします。

　発注費のほうは，つぎのように計算されます。

> 発注費＝1回当たりの発注費×年間の発注回数

　年間に発注する回数は，年間使用量（販売量）を1回に発注する分量で割って求めるので，

> 発注費＝1回当たりの発注費×年間使用量÷1回当たりの発注量……(2)

となります。

CHAPTER 14　在庫を管理する技法

　すでに述べましたように，**経済的発注量**というのは，**在庫維持費用と発注費の総和が一番小さくなるような発注量**をいいます。いま，この経済的発注量を，グラフを使って求めてみます。

条件	
年間の使用量	2,400単位
1回の発注費	30,000円
年間の維持費用	1単位につき，800円

在庫費用の計算

1回の発注量	平均在庫(個)	年間維持費(円)	年間発注費(円)	在庫総費用(円)
50	25	20,000	1,440,000	1,460,000
100	50	40,000	720,000	760,000
200	100	80,000	360,000	440,000
300	150	120,000	240,000	360,000
400	200	160,000	180,000	340,000
600	300	240,000	120,000	360,000
800	400	320,000	90,000	410,000
1,200	600	480,000	60,000	540,000
2,400	1,200	960,000	30,000	990,000

　最初に，1回の発注量が変わると，年間の発注費がどのように変化するかをグラフで示してみます。次頁の表は，1回の発注量が変わると年間維持費用や年間発注費がどう変化するかを表したものです。発注量と発注費の関係は，縦軸に年間の発注費を取り，横軸に1回の発注量を取ると，グラフはつぎのように右下がりの曲線を描きます。

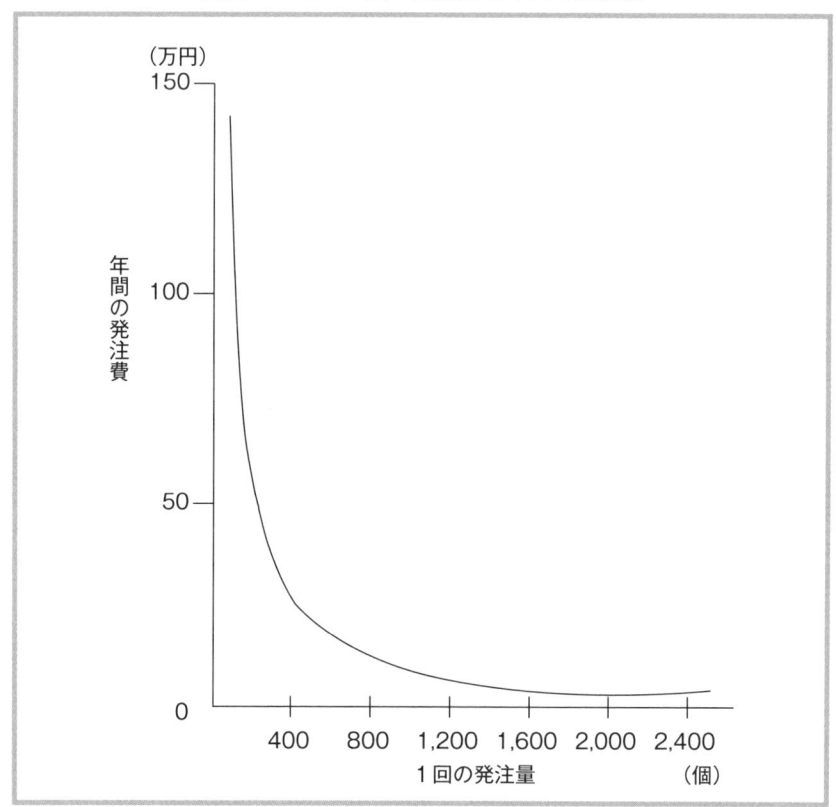

図表14-8　1回の発注量と年間の発注費

(万円)
年間の発注費
1回の発注量 (個)

　つぎに，1回の発注量を変えると在庫の維持費用はどう変化するかをグラフにしてみると次頁のようになります。

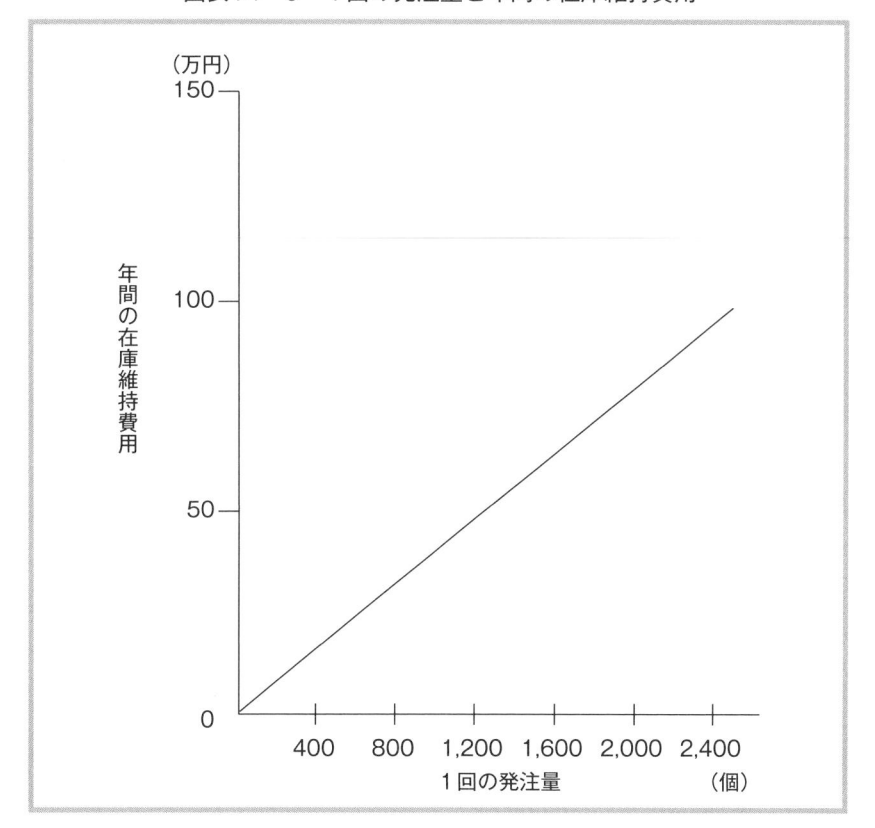

CHAPTER 14　在庫を管理する技法

図表14−9　1回の発注量と年間の在庫維持費用

　在庫の維持費用は，グラフにみるように，原点からの直線で示されます。在庫の総費用とは，発注費と在庫維持費の合計ですから，いま，上の2つのグラフを合体して，1つの図にまとめて，在庫の総費用を求めるグラフを作ってみると次頁のようになります。発注費は右下がりの曲線で表され，維持費用は直線で表されます。この2つの費用を合計した在庫総費用はＥＯＱをボトムとしたＵ字型を描くことになります。

図表14-10　在庫の総費用

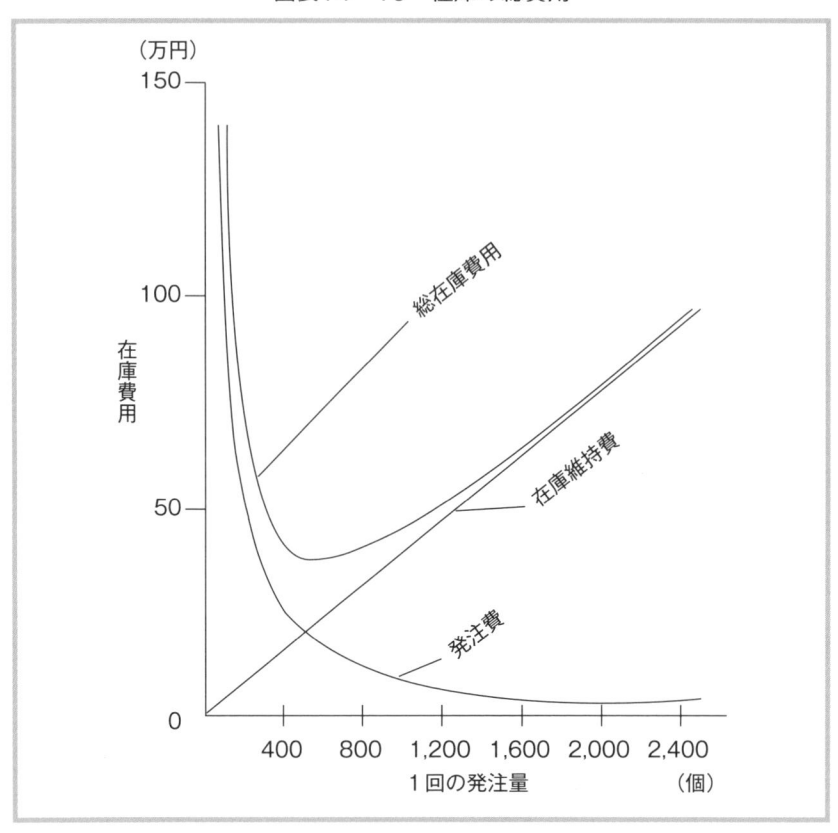

（万円）
150

100　総在庫費用

在庫費用

　　　　　　在庫維持費
50

　　　　発注費
0
　　400　800　1,200　1,600　2,000　2,400
　　　　1回の発注量　　　　　　（個）

　在庫総費用が最も小さいときがＥＯＱですから，グラフからは，400個近くのところが放物線の最下点になることがわかります。

　グラフからは，正確なＥＯＱの値は読み取れません。ＥＯＱは，つぎの公式によっても求めることができます。そこで，公式で求めた値とグラフで求めた値が同じくらいになっているかどうかを確かめておきます。

CHAPTER 14 在庫を管理する技法

$$EOQ = \sqrt{\frac{2 \times 年間使用量 \times 1回の発注費}{1単位当たりの年間維持費用}}$$

$$EOQ = \sqrt{\frac{2 \times 2,400 \times 30,000}{800}} = 424$$

計算の結果，ＥＯＱは，424単位（個）であることがわかります。先に紹介した，ダブルビン・システムを使っている場合には，上の棚が空になったら，424単位（個）発注するのが経済的にみて最適であることになります。

ところで，1回につき424単位を発注すると，平均在庫量は212単位で，その維持費用は約169,000円（＝212×800円）となります。発注回数は年に，5.66回ですから，発注費の総額も約169,000円となります。つまり，**ＥＯＱは，〔在庫の維持費用＝発注費〕となるところ**をいうのです。

9 経済的発注点を求める

ダブルビン・システムで上の棚が空になったら，424単位を発注すればよいことがわかりましたが，では，いつの時点で発注すればよいでしょうか。在庫は少しずつ減少してゆき，いずれゼロになります。

ゼロになってから発注したのでは，**欠品**（在庫切れ）を起こし，それが工場で必要な部品とか原材料などであれば生産を中止しなければならない事態も生じるでしょう。それが商品であれば販売のチャンスを逃してしまうことになります。

欠品（在庫切れ）を起こさないようにするには，**発注してから商品や部品などが入庫するまでの期間**（これをリードタイムとか調達期間といいます）にどれだけの在庫が必要かを見積もって，その在庫を**ダブルビン・システムの下の棚におく分量**とすればよいでしょう。

1日の使用量が一定しているとしましょう。上の例では，年間の使用量が2,400単位，もし，年間の作業日が300日（25日×12カ月）とすると，1日の使用量は8単位となります。

リードタイムが10日とすると，リードタイム中の必要在庫は80単位ということになり，在庫が80単位になったら発注すればよいでしょう。また，ダブルビン・システムを使っている場合は，下の棚に80単位の在庫を用意するということになります。

しかし，1日の使用量は必ずしも一定しないのが普通であり，また，発注してから納入までの期間もいつも同じというわけにはゆきません。納期が守られないケースもあれば，指定した期日よりも早く納入してくることもあります。**納期が遅れれば在庫切れ**を起こしますし，**早く納入されれば過剰在庫**になります。

しかし，どちらかといえば，納期が遅れるよりも早く納入されたほうがよいでしょう。在庫切れを起こした場合は生産ラインを止めるなどの大きな混乱を招き，多大なコストがかかりますが，早期納入の過剰在庫であれば，在庫維持費用が多少かかる程度ですむからです。

そうしたことから，**リードタイム**（**調達日数**）が多少は変動しても，リードタイム中の使用量・需要が予想よりも多少は増加しても，それに対応できるように，少し余分に在庫をもつことが必要になってきます。この，リードタイム

CHAPTER 14 在庫を管理する技法

中に必要と予想される在庫を超えて保有する分を,「**安全在庫**」といいます。

10 トリプルビン・システム

「**安全在庫**」を保有する場合,上に紹介した**ダブルビン・システム**に,もう1つ棚を増やして,**トリプルビン**(3棚)にしたほうが便利です。1つの部品に上,中,下の3つの棚を用意し,一番下の棚には**安全在庫量**,真ん中の棚には,発注点から納品までの**リードタイム中の予想使用量**を,一番上には残りの在庫をストックするのです。

上の段から使用し,これが空になったら一定量を発注します。以後,納品されるまでは中段のストックを使用し,中段が空になっても納入されない場合は,至急納入するように督促します。

上の例でいえば,リードタイム中の使用量は80単位(10日分)であり,仮に**安全在庫**として保有する量が24単位(3日分)であるとすると,次頁の図のように上の棚が消費された時点でリードタイム中(10日分)の消費量80単位とさらに3日分の24単位が保有されており,この段階で発注します。リードタイムの10日の間に納入されない場合は,中の棚が空になるので,納入が遅れていることが一目で分かります。こうすることにより,欠品の防止を図ることができるのです。

このCHAPTERで紹介した**在庫管理の技法**は過去のデータを使った**統計的な在庫管理技法**で,しかも,発注量を一定にする**定量発注方式**と呼ばれる技法を中心に説明してきました。

在庫管理の技法としては，このほかに，需要が不確定な商品・部品などの場合に発注の時期（たとえば，毎月末に発注する）を一定とする「**定期発注方式**」とか，在庫ゼロを目指した**ジャスト・イン・タイム**（ＪＩＴ）**方式**，コンビニで活用されているＰＯＳなどがあります。

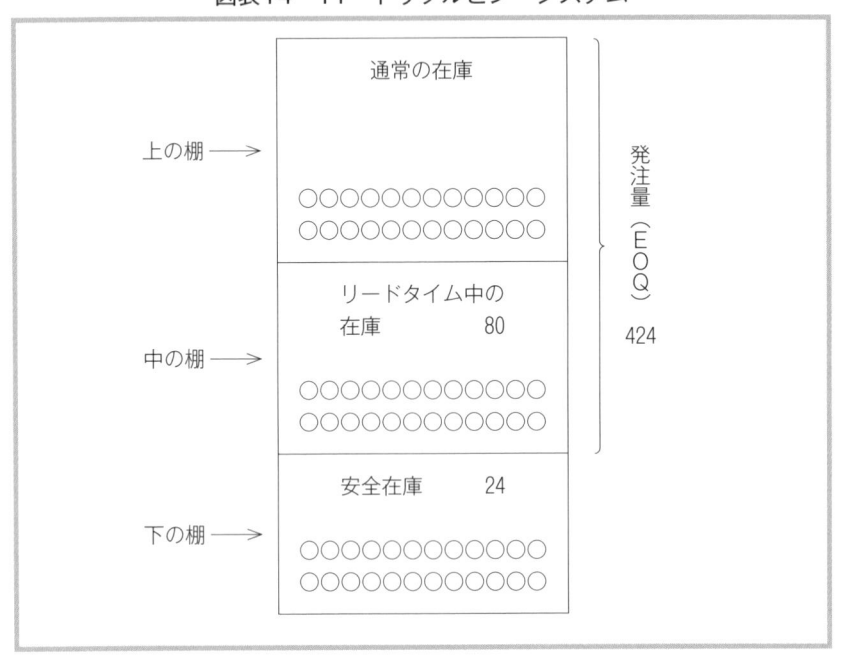

図表14－11　トリプルビン・システム

	通常の在庫	
上の棚 →	○○○○○○○○○○ ○○○○○○○○○○	
	リードタイム中の 在庫　　　80	発注量（EOQ） 424
中の棚 →	○○○○○○○○○○ ○○○○○○○○○○	
	安全在庫　　24	
下の棚 →	○○○○○○○○○○ ○○○○○○○○○○	

CHAPTER 15
資金の管理と
キャッシュ・フローの管理

1 資金管理の目的－経営計画と資金調達
2 資金繰りと資金表（資金繰表）
3 キャッシュ・フロー計算書の種類
4 キャッシュ・フロー計算書の構造
5 キャッシュ・フロー計算書を読むポイント

1 資金管理の目的－経営計画と資金調達

　企業などの組織（以下，企業を例にします）における資金の有り高と資金の流れをコントロールすることを「**資金管理**」といいます。

　企業が永続的に活動を続けるために，工場や店舗を構え，必要な原材料を安く仕入れ，それを効率的に加工して**付加価値**を高め，製品として高く，数多く販売するといった一連の**経営計画**が必要です。こうした計画は，「**ものの流れ**」に沿った「**利益計画**」でもあります。

　これに対して「**資金の流れ**」に沿って，事業に必要な資金をどのようにして調達し（**調達の管理**），それをどのように運用し（**運用の管理**），どれだけの資金を手持ちするか（**有り高の管理**）ということを管理するのが「**資金管理**」です。

▶資金調達の管理
　資金調達の管理は，資金が投下される期間の長短，資本コスト（利息や配当）の大きさ，**資本構成への影響**などを考慮して，**銀行から借り入れる**か，**社債を発行**するか，**新株を発行**するか，といった資金調達手段の選択を課題としています。

　資金調達といっても，**企業外部からの資金**だけではなく，企業内部からの資金もあります。**企業内部からの資金**には，事業活動によって獲得した資金（売上高）や保有資産（有価証券や固定資産）の売却収入があります。

　ただし，事業活動から得られた資金を事業活動以外の目的（たとえば，借金の返済）に充当しますと，事業の継続に支障を来したり，事業を縮小しなければならなくなるので注意が必要です。

外部資金の調達には,「**間接金融**」と「**直接金融**」があります。間接金融は,銀行や生命保険会社などの金融機関からの借り入れをいいます。資金の提供者は一般大衆ですが,金融機関が一般大衆から集めた資金を企業が借りるために,「**間接**」金融と呼ばれています。

　これに対して,企業が有価証券を発行して,資金の提供者から「直接」に資金を調達する方法を「**直接**」金融といいます。株式会社は,通常,**株式や社債を発行して資金調達**することができます。

▶資金運用の管理

　資金運用の管理は,収益性の高い事業分野への進出や設備増強など,企業価値を高めるための運用先を選択することを課題としています。投資判断においては,予想される**リスク(投資が回収できない危険)とリターン(投資からの収益)の評価**が重要です。

　リスクとリターンは相関関係にあり,「**ローリスク・ローリターン**」(リスクの小さい投資からは,小さなリターンしか得られない),「**ハイリスク・ハイリターン**」(リスクの高い投資からは大きなリターンが得られる)の関係にあります。

　投資先の選択においては,**投資額を何年で回収するかという計算**も重要です。5年後に返済する社債の発行によって調達した資金であれば,5年以内に投資を回収する必要があります。例えば,投資額が10億円で,5年間にわたって毎年2億5千万円のキャッシュ・フロー(税引き後)をもたらす投資案の場合は,

$$投資額10億円 \div キャッシュ・フロー2億5千万円 = 4(年)$$

となり,投資案を採択しても資金繰りに困りませんが,毎年のキャッシュ・フローが1億5千万円であれば,

> 投資額10億円÷キャッシュ・フロー1.5億円＝約6.7（年）

となり，調達した資金と期間的にマッチングせず，資金繰りに困ることになりますから，回収期間の計算は重要です。

▶**有り高の管理**

　有り高の管理には，資金の現物管理と資金量のコントロールがあります。金庫の中にある現金や**現金同等物**（定期預金などの通帳，コマーシャル・ペーパーなど）は，流動性が高く，盗難・無断持ち出し・紛失などの不正や事故になりやすいものです。現金などは持ち出しが簡単ですし，預金通帳も，社印を偽造したりすれば簡単に引き出せるために，厳重な保管・管理が必要です。

　そうした保管・管理には，現金や通帳を厳重に管理して事前に事故に備えることも重要ですが，**定期的に現物と帳簿の記録との照合**や，銀行の**残高証明書との照合**をしたり，**定額資金前渡制**を採用するなど，事故が発生した場合にも被害が広がらなくする手を打っておく必要があります。

　資金量のコントロールは，負債の満期日（返済を約束した期日）に，必要な資金を準備しておくことを初め，企業活動に伴ういろいろな支払いや返済に対応できるように，資金計画を立てることをいいます。

　万が一，資金計画に失敗して，たとえば，自社が発行した約束手形が支払うべき日（満期日）に支払いができないといった事態になりますと，この手形は「**不渡手形**（ふわたり）」となり，当社と銀行の取引は停止され，取引先との取引もできなくなります。

　企業は，儲けていなくても，損を出し続けていても，資金さえ途切れなけれ

ば続けていけます。これを「**自転車操業**」といいます。しかし，企業は，ほんの一瞬でも資金が途切れると，取引先や金融機関の信用を失い，破綻するのです。資金の有り高をうまくコントロールすることができるかどうかは，企業の生命線でもあるのです。

▶資金の範囲

上では，資金について何も説明しませんでしたが，それは，「資金」の概念がたくさんあって，資金管理の目的によって使い分けるために，先に，資金管理の目的・役割を明らかにしたのです。

上で述べましたように，「**現物の資金**」を管理するという目的であれば，資金には「**現金**」「**預金（通帳）**」「**コマーシャル・ペーパー**」が入ります。資金調達の管理ということであれば，何をする資金が，どれだけ必要なのかによって，株式や社債の発行，銀行借り入れなどによる新規調達の資金が範囲になります。短期的な債務（借金）の返済能力を高めるという目的には，**手許流動性のある資産**（手許にある現金預金など）が資産概念に含まれます。

さらに**収益性を考えた資金の概念**であれば，「総資産」や「自己資本（株主資本）」を資金とする考えがあります。資金（資本）の収益性は，**資本利益率**で測定します。資本利益率には分母の資本として企業が投下している総資本を取る場合と，株主が拠出した資本（株主資本または自己資本という）を取る場合があります。

$$総資本利益率 = \frac{税引前当期純利益}{総資本} = (経営者にとっての)利益率$$

$$自己資本利益率 = \frac{税引後当期純利益}{自己資本(株主資本)} = (株主にとっての)利益率$$

総資本利益率は，企業の経営者が，どれだけの資金（資本）を使ってどれだけの利益を上げたかを比率で示すものです。この計算では，資本構成（自己資本と負債の割合）に関係なく，株主が出した資本も銀行から借りた資金（負債）も同じ資本として使われるものとして利益率を計算します。

▶流動性の管理

資金管理がうまくいっているかどうかは，**資金の流動性**と**資金の収益性**という２つの面から評価することができます。

資金の収益性は，上で紹介した資本利益率で判断します。この指標は，収益性が良くなったか悪くなったかを教えてくれますが，その原因までは教えてくれません。そこで，この算式を以下のように分解してみます。

$$資本利益率 = \frac{利益}{売上高} \times \frac{売上高}{資本}$$
$$\quad\quad\quad (売上高利益率)\ (資本回転率)$$
$$\quad\quad\quad\quad (\%) \quad\quad\quad (回数)$$

このように資本利益率を分解しますと，**資本回転率**（回数）が高いほど資金が効率的に使われていることが分かります。

この算式で使う「資本」として，企業の本業に投下されている「**経営資本**」を使いますと経営資本の収益性が分かり，**金融資産**（有価証券など）に投下されている資金を使いますと余裕資金の収益性が分かります。

流動性の管理は，**返済期日の到来する負債**（支払手形，借入金など）や**仕入代金**，従業員給料，水道光熱費などを支払う財源をタイムリーに確保するための計画とコントロールをいいます。

CHAPTER 15　資金の管理とキャッシュ・フローの管理

　流動性の管理のためには，キャッシュ・フロー計算書，資金表，資金繰表などが活用されています。これらについては，つぎに紹介します。

2　資金繰りと資金表（資金繰表）

▶実績の資金表と見積もりの資金表

　資金繰りは，収入と支出をコントロールすることですが，そのためには，いろいろな種類の**資金表（資金計算書）**を利用します。

　資金表には，**実績を表示する資金表**と**見積もりの資金表**があります。資金表は，収支の把握の仕方によって，つぎのような種類があります。

資金運用表

　当期と前期の貸借対照表項目を比べてみると，項目ごとに増減があります。この増減は，資金の流入（資金の源泉）か資金の流出（資金の運用）にあたるので，これらを分類整理して一覧表示したものを資金運用表といいます。主に，**実績を表示する資金表**として作成されます。

資金移動表

　これを作成するには，直接法と間接法という2つの方法があります。いずれの方法でも，資金運用表と違い，損益（計算書）のデータも利用します。たとえば，当期の売上げによる収入は，「当期の売上高マイナス売上債権増加額」として計算します。この資金表も，**実績を表す資金表**として作成されることが多いようです。

> ## 資金繰表
>
> 　現金資金を①前月繰越金，②収入，③支出，④次月繰越金のように4区分（6区分する方法もあります）して表示する資金表です。この資金表は**実績表**としても**見積もりによる計画表**としても作成されます。

　このようにたくさんの資金表が考案されていますが，最近では，アメリカ，イギリスをはじめ，わが国でも，**資金としては「キャッシュ」**，つまり現金・預金に限定した計算書が作成されるようになってきました。そこで作成される資金表を**「キャッシュ・フロー計算書」**とか**「キャッシュ・フロー表」**と呼んでいます。以下では，主に，キャッシュを重視した「資金繰表」について述べることにします。

　なお，わが国の企業は，英米の企業と違って**有価証券**などの金融資産への投資が盛んに行われているため，現金・預金に加えて**一時所有の市場性ある有価証券**も「キャッシュ」に含めて資金繰りを考える必要があります。

　しかし，有価証券は現金預金と違って，たとえ市場（証券取引所）があっても，いつでも現金化できるわけではないし，また，現金化しうる額も不安定です。わが国の企業が公表するキャッシュ・フロー計算書をみる場合には，そうした点を注意する必要があるでしょう。

　資金繰表には決まった様式というものはありません。その企業にあったものであれば，後で紹介するような**1部制の資金繰表**とか**3部制の資金繰表**でもよいのです。要は，①資金の動きがよくわかって，②将来の対策がたてやすいものであれば形式を問わないのです。

CHAPTER 15　資金の管理とキャッシュ・フローの管理

▶見積損益計算書と見積資金繰表

　見積もりによる次期の損益計算書と資金繰表を作成したところ，つぎのようになったとしましょう。

図表15−1　損益計算書と資金繰表

見積損益計算書（万円）	
売上高	3,600
売上原価	2,400
売上総利益	1,200
販管費	900
（内，減価償却費　100）	
経常利益	300
税金	150
税引後利益	150

見積資金繰表（万円）		
前期繰越		400
収入	売上げ収入	3,000
	計	3,000
支出	仕入れ支出	2,600
	諸経費	800
	設備投資	200
	計	3,600
収支過不足		△600
次期繰越		△200

　今期の見積もりによる税引後利益は150万円です。しかし，資金繰表を見ますと，前期繰越の資金が400万円あったにも関わらず，次期繰越はマイナス200万円となっています。損益計算書と資金繰表を比べながら，その原因を探ってみましょう。

▶「売上高」と「売上げ収入」の差

　損益計算書の売上高は3,600万円ですが，資金繰表を見ますと売上げ収入は3,000万円です。差額の600万円は，**掛売りのために資金が回収されていない**と予想されます。これが資金を減少させる原因となっているのです。売上げはすべて現金収入を伴うものとして扱われていますので，**売掛金が増加すると，同じ額だけ資金が減少する**ものとして計算されるのです。

▶「売上原価」と「仕入れ支出」

　損益計算書の売上原価は2,400万円，資金繰表の仕入れ支出は2,600万円です。2,600万円分の商品を仕入れ，2,400万円分を売ったのですから，200万円は**在庫が増加**したものと考えられます。これも**資金の減少**になります。

▶減価償却費

　損益計算書の販管費は900万円で，資金繰表の諸経費の支出は800万円です。費用として900万円計上されながら支出は800万円ということは，現金の支出を伴わない費用が100万円あることになります。損益計算書の販管費に「内書き」として減価償却費100万円が記載されています。**減価償却費**が計上された分は**現金の支出を伴いません**ので，その額だけ**資金が増加**するものとして計算するのです。

▶税　　金

　経常利益は税金を払う前の（税込み）金額ですが，**税金は当期中には支払わなくてもよい**として，見積もりの資金繰表では支出項目にあげていません。そこで，経常利益300万円を全額**資金の増加要因**とみています。

▶設 備 投 資

　期中に**設備投資**の計画があり，200万円を支出する予定です。この投資は減価償却されるまでは費用化（資金回収）されないので，全額**資金の減少**となります。

　以上の検討をまとめたのが前頁の表です。期間としてみると資金は600万円減少します。前期からの繰越資金400万円を充当しても，200万円不足します。この資金不足額をどうやって埋めるか，それを考えるのが**資金繰り**です。売掛金の回収を早める，仕入れを抑える，期中に予定している**設備投資を延期する**，**新たな資金を調達する**，いろいろな手が考えられるでしょう。

▶1部制の資金繰表

1部制の資金繰表は，収入と支出を網羅的に対照表示するものです。

図表15－2　1部制の資金繰表

科目			4月	5月	6月	7月	8月
前月繰越							
収入	売上げ	現金売上げ					
		売掛金回収					
		受取手形入金					
	手形割引						
	借入金						
	雑収入						
	計						
支出	仕入れ	現金仕入れ					
		買掛金支払い					
		支払手形決済					
	販売費・管理費						
	支払利息						
	設備投資						
	借入金返済						
	雑支出						
	計						
次月繰越							

基本構造としては，①前月繰越，②当期収入，③当期支出，④次月繰越，の4区分とし，収入と支出は，売上げ入金，手形割引，借入れ，雑収入などの収入と，仕入れ支払い，販管費支払い，設備投資，借入金返済，雑支出などの支出に細分します。

　資金繰表は，資金繰りに役立てるために作成されるものですから，過去の月は**実績値**で記入し，将来については**見積もり値**を記入します。たとえば，7月以降の資金繰りを検討するときは，4月から6月までは実績値を，7月以降は見積もり値を記入するのです。過去の実績は将来の見積もりの基礎になるという意味で非常に役に立ちますので，これを参考にして将来の資金繰りを考えるのです。

▶ 3部制の資金繰表
　上に紹介した**1部制の資金繰表**は，収入も支出も発生原因別に分類されていないため，資金繰りが苦しくなってきても，その原因を把握しにくいという欠点があります。

　そうした欠点を補うには，**収入と支出をその発生源泉別に分類**して，発生源泉を同じくする収支を対応させる必要があります。つぎに紹介する**3部制の資金繰表**はそうした対応表示の工夫が加えられています。

　3部制の資金繰表は，すべての収入・支出をつぎのように3つに区分して対照表示します。

① 経常収支

経常収支は，主たる営業活動（本業）に関係する収入・支出と，営業外活動（主に財務活動）のうち資金調達活動の収支（借入れとその返済・増資）を除いたもの（主に，利息・配当金の受取りと支払い）をいいます。

収入としては，**売上げ収入**と**営業外収益の収入**（財テクの収入）があり，支出としては，**商品代価，原材料代価，販管費の支払い，営業外費用**（財テクの支出）があります。

② 設備等の収支

設備等の収支は，①にも入らず③にも入らない収支をいいます。収入としては，**固定資産の売却代金**や**有価証券の売却代金**などがあり，支出としては，**固定資産の取得にかかる代金，有価証券の購入代金，税金・配当金・役員賞与**などの支払いがあります。

③ 金融関係の収支

これには**資金調達活動の収支**が含まれ，収入としては，**借入れ，社債の発行，手形割引，増資**などによる収入があり，支出としては，**借入金の返済，社債の償還，減資**などによる支出があります。

次頁に3部制の資金繰表を例示しておきます。

図表15-3　3部制の資金繰表

科目			4月	5月	6月	7月	8月
前月繰越 (A)							
経常収支	収入	現金売上げ					
		売掛金回収					
		売手期日回収					
		雑収入					
		合計 (B)					
	支出	現金仕入れ					
		買掛金支払い					
		支手決済					
		販管費支払い					
		利息支払い					
		雑支出					
		合計 (C)					
	差引 (D)=(B)-(C)						
設備等の収支	収入	有価証券売却					
		…………					
		合計 (E)					
	支出	機械購入					
		…………					
		合計 (F)					
	差引 (G)=(E)-(F)						
金融収支	収入	借入れ					
		手形割引					
		…………					
		合計 (H)					
	支出	借入金返済					
		社債償還					
		…………					
		合計 (I)					
	差引 (J)=(H)-(I)						
収支残合計 (K)=(D)+(G)+(J)							
次月繰越 (L)=(A)+(K)							

CHAPTER 15　資金の管理とキャッシュ・フローの管理

▶資金繰りはボクシング

　ところで上に紹介した3部制（この名称は便宜的に付けられたもので，資金繰表自体に決まった形がないことから正式な名称もありません）の資金繰表では，**資金として「現金預金」**，つまり，保有する現金と要求払いの預金を想定しています。ところが，わが国の企業においては，**余裕資金（余資）を有価証券（とくに上場株式）によって運用**することが一般化しています。上場会社（銀行・証券を除く）1社平均で100億円，全社で20兆円もの有価証券を短期所有しているのです。資金繰りにおける有価証券の役割はきわめて大きいといえるでしょう。

　これまで紹介した資金繰表は，有価証券は売却されてはじめて資金収入として扱うものでした。しかし，わが国企業の資金繰り・資金運用を見ますと，**短期所有の上場証券は資金繰りのかなめの1つです**。一時所有の有価証券は「**資金のたまり**」ともいうべきものです。そこで，現金預金だけでなく，有価証券をも含めた資金概念の資金繰表が必要になるのです。

　従来，わが国の「**有価証券報告書**」に記載されていた資金表は，そうした資金概念を採用していました。しかし，会計ビッグバンによって導入された「キャッシュ・フロー計算書」では，株式などは価格変動リスクが大きいとして資金（キャッシュ）の範囲から除かれています。

　導入されたキャッシュ・フロー計算書は，そうした点で，わが国の実状を十分に反映したものとはなっていません。わが国の場合，株式などの有価証券が「余裕資金のたまり」になっている以上，たとえば，キャッシュ・フロー計算書の欄外に，おおざっぱな時価情報を記載するなどの工夫が必要なのではないかと思われます。

　この「キャッシュ・フロー計算書」については，後でお話します。

ここでは，資金繰表の概要を紹介しました。資金繰りは，企業の生命線です。しかも，たった1回の失敗が致命傷になるのです。よくいわれますように，**資金繰りはボクシングと同じ**で，一度マットに沈んだらそれで終わりなのです。敗者復活戦などはありません。

　これに比べますと，本業のほうは，リーグ戦みたいなもので，一度くらい失敗しても失地回復のチャンスはいくらでもあります。本業では常勝軍でなくてもいいのですが，**資金繰りだけは連戦連勝**しなければ企業生命を失うのです。

3　キャッシュ・フロー計算書の種類

　上のほうで，**営業循環**の話をしました。営業活動が現金からスタートして，商品や製品に変わり，それが売られて再び貨幣性の資産（売掛金，受取手形，現金など）に戻るという循環です。

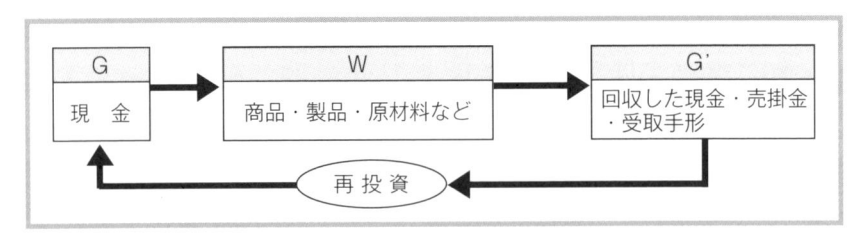

図表15－4　営業循環

| G 現　金 | → | W 商品・製品・原材料など | → | G' 回収した現金・売掛金・受取手形 |

再投資

　この営業循環は，見方によっては，**資金の循環過程**でもあります。現金からスタートして現金に戻る資金循環です。

　キャッシュ・フローは，おおざっぱにいいますと，この資金循環に入ってくるフロー（営業資金の借入れなど）と現金に戻ってくるフロー（売上代金の回収

など）を**キャッシュ・インフロー**として把握し，資金循環から出ていくフロー（配当，納税など）と現金が他の資産に変わるフロー（商品仕入れ代金の支払いなど）を**キャッシュ・アウトフロー**として把握するものです。企業を1つの大きな貯金箱として見たときの，貯金（現金）の出し入れをキャッシュ・フローというのです。

図表15－5　キャッシュ・フロー

▶キャッシュ・フロー計算書

1年間（または半年）のキャッシュ・インフローとアウトフローを，その種類別に分けて一覧表にしたのが，**キャッシュ・フロー計算書**です。この計算書には見積もりによるキャッシュ・フロー計算書と実績によるキャッシュ・フロー計算書があります。前者は，今後の資金繰りのために作成されるもので，後者は，これまでの実績を示すことで将来の見積もりの基礎を提供するものです。

ここでは，**実績のキャッシュ・フロー計算書**について話をします。なぜかといいますと，見積もりによるキャッシュ・フロー計算書は，当期の実績によるキャッシュ・フロー計算書をスタート点として，これに上述した経営計画や投資計画を反映させて作るからです。

最近,この実績のキャッシュ・フロー計算書が証券取引法（現在は,金融商品取引法）上の財務諸表の仲間入りをしましたので,見たことがある方も多いと思います。会社法による計算書類にはキャッシュ・フロー計算書はありません。

キャッシュ・フロー計算書には,つぎのような種類があります。

図表15－6　キャッシュ・フロー計算書の種類

連結財務諸表として作成される計算書
(1)　連結キャッシュ・フロー計算書
(2)　中間連結キャッシュ・フロー計算書
個別財務諸表として作成される計算書
(1)　キャッシュ・フロー計算書
(2)　中間キャッシュ・フロー計算書

なお,**連結財務諸表を作成する企業**は,個別のキャッシュ・フロー計算書を作成する必要はありません。個別のキャッシュ・フロー計算書も連結キャッシュ・フロー計算書も,作り方は基本的に同じです。そこで,以下では,両者を合わせて,単に,キャッシュ・フロー計算書ということにします。

▶キャッシュには何が入るか

キャッシュの概念には,「**現金**」と「**現金同等物**」が入ります。この場合の「現金」には,①手許現金と②要求払預金が含まれます。

「現金同等物」というのは,「容易に換金可能であり,かつ,価値の変動について僅少なリスクしか負わない短期投資」としての性格を持つ資産をいいます。株式のように価格変動リスクの大きいものは資金（キャッシュ）範囲から除かれます。

図表15－7　資金（キャッシュ）の範囲（例示）

現金＝①手許現金，②要求払預金（当座預金，普通預金，通知預金など）
現金同等物＝取得日から満期日（償還日）までが３か月以内の定期預金，譲渡性預金，コマーシャル・ペーパー，売戻し条件付き現先（現金先物），公社債投資信託など

　現金同等物に何を入れるかは，上の説明や例示だけでははっきりしません。会計基準では，現金同等物に何を含めるかを「経営者の判断」に委ねることにしています。**経営者が「容易に換金可能」で「価値変動が小さい短期投資」と考えるものを資金（現金同等物）概念に含めてよい**とするのです。

　経営者の判断が入る余地を大きく認めるのは，１つには，上の例示に示されるように，該当すると考えられる投資等が非常に多岐にわたり，個別の判断が必要なためです。もう１つは，キャッシュ・フロー計算書がつぎのような性格を持つからです。

　キャッシュ・フロー計算書は，**財務諸表の１つとして作成される**ことになりましたが，貸借対照表や損益計算書と違って，財産の計算や損益の計算，あるいは，利益の分配（配当など）とは関係がありません。あくまでも，**資金の流れに関する情報を公開するための計算書**です。そのために，資金として何を含めようとも，利益が変わったり財産の有り高が変化することはありません。そこで，細かいルールを設けずに，各企業が資金（現金同等物）と考えるものを含めてもよいことにするのです。

4 キャッシュ・フロー計算書の構造

キャッシュ・フロー計算書では，資金の流れを企業活動の種類にあわせて，つぎの3つに区分します。

> (1) 営業活動によるキャッシュ・フロー
> (2) 投資活動によるキャッシュ・フロー
> (3) 財務活動によるキャッシュ・フロー

ここで，**営業活動によるキャッシュ・フロー**とは，主として，商品や製品を仕入れたり販売したりする取引（営業活動）に伴うキャッシュ・フローです。営業活動に伴って取得した受取手形を銀行で割り引いた場合の収入もここに含まれます。

投資活動によるキャッシュ・フローは，機械装置や車両運搬具を購入したり売却したりしたときのキャッシュ・フローや，短期投資（現金同等物に含まれるものを除く）を取得したり売却したりしたときの資金フローをいいます。

財務活動によるキャッシュ・フローは，資金調達と返済によるキャッシュ・フローをいいます。具体的には，株式を発行したときの収入，自社株を取得したときの支出，社債の発行・償還や，借入金の増減による資金収支などです。

「投資活動」と「財務活動」というのは，通常の事業会社にとっては，いずれも本業以外の活動です。損益計算書を作成するときに，「**営業損益**」を計算する区分と，営業損益に営業外損益を加減して「**経常損益**」を計算する区分がありました。キャッシュ・フロー計算書では，この「営業外（本業以外）」の活

動を「投資活動」と「財務活動」に分けているのです。

投資活動と財務活動はよく似ていますが,「**投資活動**」は,利子・配当・売却益が出るような資産への資金の投下とその回収,「**財務活動**」は営業資金の調達とその返済に関わる活動をいいます。ですから,**工場を建設するために必要な資金を借りるのは財務活動**ですが,その資金で工場を建てるのは投資活動になります。

図表15-8　企業活動別のキャッシュ・フロー

収入	営業活動によるキャッシュ・フロー		支出
	商品・製品の販売による収入 利息・配当金の受取りによる収入	商品の仕入れによる支出 法人税等の支払いによる支出	
	投資活動によるキャッシュ・フロー		
	固定資産の売却による収入 有価証券の売却による収入 貸付金の回収による収入	固定資産の取得による支出 有価証券の取得による支出 貸し付けによる支出	
	財務活動によるキャッシュ・フロー		
	株式の発行による収入 社債の発行による収入 借入れによる収入	自己株式の取得による支出 社債の償還による支出 借入金の返済による支出 配当の支払による支出	

キャッシュ・フロー計算書には,**営業収入（売上高）からスタートする形式**と**税引前当期純利益からスタートする形式**があります。前者を**直接法**,後者を**間接法**といいます。

直接法は,営業活動のキャッシュ・フローが総額で示されるというメリットがあり,**間接法**は,純利益と営業活動のキャッシュ・フローとの関係が明示されるというメリットがあります。いずれの方法で作成することも認められてい

ますが，直接法は実務上手数がかかるということから，間接法によって作成する会社が多いようです。

間接法で作成したキャッシュ・フロー計算書のひな形（モデル）を，つぎに示しておきます。

図表15－9　キャッシュ・フロー計算書の例

	キャッシュ・フロー計算書	
Ⅰ	営業活動によるキャッシュ・フロー	
	税引前当期純利益	300
	減価償却費	30
	有価証券売却損	20
	売掛金・受取手形の増加額	−60
	棚卸資産の減少額	40
	買掛金・支払手形の増加	30
	小　計	360
	法人税等の支払額	−150
	営業活動によるキャッシュ・フロー	210
Ⅱ	投資活動によるキャッシュ・フロー	
	有価証券の売却による収入	200
	有形固定資産の取得による支出	−160
	投資活動によるキャッシュ・フロー	40
Ⅲ	財務活動によるキャッシュ・フロー	
	短期借入れによる収入	100
	社債の償還による支出	−80
	財務活動によるキャッシュ・フロー	20
Ⅳ	現金及び現金同等物の増加額	270
Ⅴ	現金及び現金同等物の期首残高	2,400
Ⅵ	現金及び現金同等物の期末残高	2,670

－の記号がついているのは減少項目ということですが，必ずしもキャッシュ・アウトフローを意味していません。また，営業活動によるキャッシュ・フローに「減価償却費」が入っていたり，売掛金の増加がマイナス項目になっていたり，いろいろ疑問があると思います。本書では細かいことを書けませんので，この本を読み終えてからでも，つぎの本を読んでください。

『わしづかみシリーズ　新会計基準を学ぶ（第2巻）』（税務経理協会）

5　キャッシュ・フロー計算書を読むポイント

上で見ましたように，キャッシュ・フローには，3つの種類があります。もっとも重要なのは，**営業活動のキャッシュ・フロー**です。

このキャッシュ・フローは，**本業による資金収支の残高**ですから，普通は**営業利益**に近い金額になります。

もしも，営業利益の額よりも大幅に小さいときは，在庫が増えたか，売上債権（売掛金や受取手形）が増加しているはずです。逆に，営業利益よりも大きい場合には，在庫が減少したり売掛金の回収が早まっているということです。

営業利益＞営業活動によるキャッシュ・フロー
　　主な原因：在庫の増加，売掛金の増加

営業利益＜営業活動によるキャッシュ・フロー
　　主な原因：在庫の減少，売掛金の減少

わが国の場合,「投資活動によるキャッシュ・フロー」は,余裕資金(余資といいます)の運用によるキャッシュ・フローという側面があります。英米の企業は,余裕資金が出たら配当や自社株買いなどを使って株主に返しますが,日本の企業は,余裕資金が出たら将来の設備投資や研究開発などのために株などに投資して運用します。

この区分のキャッシュ・フロー総額がプラスになっているときは,投資を引き上げているということであり,マイナスになっているときは,資金を追加投下していることを表します。

プラスのときは引き上げた資金を何に使っているかを見ておく必要があり,マイナスのときは,どこから手に入れた資金を投資しているかを見ておく必要があります。いずれも,キャッシュ・フロー計算書をよく観察するとわかります。

投資活動によるキャッシュ・フローが増加
　主な原因:投資の回収
　見るポイント:回収した資金のゆくえを見る

投資活動によるキャッシュ・フローが減少
　主な原因:新規の投資か追加の投資
　見るポイント:資金の出所を見る

「財務活動によるキャッシュ・フロー」は,総額でプラスになっていれば,それだけ純額で資金を調達したということを意味します。マイナスであれば,調達した資金を純額でそれだけ返済したということです。

CHAPTER 15　資金の管理とキャッシュ・フローの管理

　資金を返済したときは，その財源が何であったかを調べてみる必要があります。また，資金を調達したときは，その資金を何に使っているかを見てみる必要があります。これも，キャッシュ・フロー計算書をながめているとわかることです。

財務活動によるキャッシュ・フローが増加
　主な原因：追加の資金を調達
　見るポイント：資金を何に使ったか

財務活動によるキャッシュ・フローが減少
　主な原因：資金を返済
　見るポイント：何を財源として返済したか

　投資活動や財務活動によるキャッシュ・フローを見ますと，企業の設備投資や事業拡大などが計画どおりに進んでいるか，資金が原因で停滞しているかどうかなどが分かります。さらにまた，将来の事業計画を遂行するためには，どのような資金計画を立てたらよいかを検討するためのデータとすることもできます。

　キャッシュ・フロー計算書の末尾には，当期首のキャッシュ残高と期末のキャッシュ残高が示されています。キャッシュ残高は，きわめて流動性の高い「**現金**」と「**現金同等物**」の合計ですから，次期においてすぐに**支払手段**として使えます。

　期首の残高と比べて期末の残高が小さいときは，**支払能力が低下**していることを意味し，残高が大きくなっているときは，**支払能力が増大**していることを意味しています。

ただし，ここでいう「キャッシュ」は，すでに現金になっているか，おおむね3か月以内に現金に変わる資産のことですから，きわめて短期的な支払い能力を見ていることになります。

CHAPTER 12 で，「流動比率」とか「当座比率」のことを書きました。そこでは，**中期的な支払い能力**，あるいは，**企業の正常な営業活動を前提にした支払い能力を見るには流動比率**がよく，即時の，あるいは，**短期的な支払い能力は当座比率**を見るとよい，ということも書きました。当座比率は「返済能力のリトマス試験紙」でした。

では，これらの比率と，キャッシュ残高は，どのように使い分けたらよいのでしょうか。

流動比率と当座比率は，**比率**です。絶対額（金額）ではありません。**キャッシュ残高**は，比率ではなく，**絶対額**です。もしも，キャッシュ残高を使って比率を求めるのであれば，つぎのような計算をすればよいでしょう。この比率は100％以上が望ましく，高いほど支払い能力も高いことを示します。

$$3か月以内の支払い能力 = \frac{キャッシュ残高}{流動負債} \times 100(\%)$$

キャッシュ・フロー計算書からは，損益計算書や貸借対照表からは読むことのできないことがたくさん読み取れます。とくに，「**営業活動からのキャッシュ・フロー**」からは，この企業の売上げの質（良し悪し）が分かりますし，「**投資活動のキャッシュ・フロー**」と「**財務活動のキャッシュ・フロー**」からは，この企業が，**将来，何をしようとしているか**を読み取ることができます。

著者プロフィール

田　中　　弘（たなか　ひろし）

神奈川大学名誉教授・博士（商学）（早稲田大学）

早稲田大学商学部を卒業後，同大学大学院で会計学を学ぶ。貧乏で，ガリガリに痩せていました。博士課程を修了後，愛知学院大学商学部講師・助教授・教授。この間に，学生と一緒に，スキー，テニス，ゴルフ，フィッシングを覚えました。
1993年－2014年神奈川大学経済学部教授。
2000年－2001年ロンドン大学（LSE）客員教授。
公認会計士２次試験委員，大蔵省保険経理フォローアップ研究会座長，
郵政省簡易保険経理研究会座長，保険審議会法制懇談会委員，ホッカンホールディングス㈱　社外取締役などを歴任。

一般財団法人　経営戦略研究財団　理事長
辻・本郷税理士法人　顧問
一般財団法人　日本ビジネス技能検定協会　会長
英国国立ウェールズ大学経営大学院（東京校）教授
日本アクチュアリー会　客員
中小企業経営経理研究所　所長
Eメール　akanat@mpd.biglobe.ne.jp

最近の主な著書
『新財務諸表論（第６版）』税務経理協会，2023年
『会計グローバリズムの崩壊－国際会計基準が消える日－』税務経理協会，2019年
『伸びる会社のチエ袋』税務経理協会，2018年
『GDPも純利益も悪徳で栄える──「賢者の会計学」と「愚者の会計学」』税務経理協会，2016年
『「書斎の会計学」は通用するか』税務経理協会，2015年
『財務諸表論の考え方──会計基準の背景と論点』税務経理協会，2015年
『会計学はどこで道を間違えたのか』税務経理協会，2013年
『国際会計基準の着地点──田中弘が語るIFRSの真相』税務経理協会，2012年
『IFRSはこうなる──「連単分離」と「任意適用」へ』東洋経済新報社，2012年
『経営分析──監査役のための「わが社の健康診断」』税務経理協会，2012年
『複眼思考の会計学－国際会計基準は誰のものか』税務経理協会，2011年
『国際会計基準はどこへ行くのか』時事通信社，2010年
『不思議の国の会計学－アメリカと日本』税務経理協会，2004年
『時価会計不況』新潮社（新潮新書），2003年
『原点復帰の会計学－通説を読み直す（第二版）』税務経理協会，2002年
『会計学の座標軸』税務経理協会，2001年

即戦力シリーズ
最初に読む会計学入門

2013年10月15日　初版発行
2014年12月15日　初版第2刷発行
2016年11月15日　初版第3刷発行
2019年8月15日　初版第4刷発行
2025年4月15日　初版第5刷発行

著　者	田中　弘
発行者	大坪克行
発行所	株式会社 税務経理協会
	〒161-0033東京都新宿区下落合1丁目1番3号
	http://www.zeikei.co.jp
	03-6304-0505
印刷所	税経印刷株式会社
製本所	牧製本印刷株式会社

本書についての
ご意見・ご感想はコチラ

http://www.zeikei.co.jp/contact/

本書の無断複製は著作権法上の例外を除き禁じられています。複製される場合は，そのつど事前に，出版者著作権管理機構（電話03-5244-5088,FAX03-5244-5089, e-mail: info@jcopy.or.jp）の許諾を得てください。

JCOPY ＜出版者著作権管理機構 委託出版物＞
ISBN 978-4-419-06037-4　C3034

© 田中　弘 2013 Printed in Japan